『青色本』を掘り崩す
——ウィトゲンシュタインの誤診

永井　均

講談社学術文庫

はじめに

この本は、ウィトゲンシュタインの『青色本』の後半部を解読し論評したものである。後半部とは、原文で全七十四ページのうちの四十四ページ以降のほぼ三十ページ分であり、ちくま学芸文庫版の翻訳で一〇四ページ以降の六十六ページ分にあたる。この部分の主題は、自他の非対称性とその非対称的なものを対照的に語る言語の問題である（と私は解する）。

解読といっても、著者ウィトゲンシュタインの真意を探ってそれを解明するといったものでは――それも含まれてはいるが――ない。むしろ、ウィトゲンシュタインがここで言っていることをもとにして、哲学的に考えられるさまざまな可能性をなおもさらに縦横無尽に考え尽くしてみようというのが本書の狙いであり、これによって哲学書の読み方の一つの見本を示すというのが当初の願いであった。このようなテキストからこのようなことまで考えられるのだ、と。

「狙いであり、……願いであった」というのは、しかし結果的に、私はきわめて根本的な点においてウィトゲンシュタインの基本主張に同意せず、彼の議論は、鋭利ではあるが、ある点から先はかなり強引なものであると結論するにいたったからである。結果的に、本書は批判の書となった。

ウィトゲンシュタインは画期的な病人であった。しかも、自分の病気の治療においても素晴らしい才能を発揮した。使われたのは当時まさに彼自身が中心となって開発されていた分析哲学という名の最新治療法で、この難病治療に取り組むことによってその治療法はおおいに鍛えられたが、結果的にこの病気そのものだけは治せなかった。彼の開発した治療法は、さまざまな病気を治すのに使えたが、彼自身の病気だけは治せなかった。おそらくは、そもそも診断がまちがっており、それは病気ではなかったからである。

にもかかわらず、彼の開発した治療法以外ではその「病気もどき」の本性にここまで肉薄することさえできなかったにちがいない。そのありさまを如実に示している——『青色本』という天下の奇書の価値は一にかかってそこにある。それは失敗した治療記録である。

が、この「病気」それ自体に触れたことがなく、ただこの記録からのみそれを知った人には、あたかもその治療法でこの「病気」もまた治せるかのような先入観を抱かせた。そういう意味では、それははっきりと悪質な詐欺文書でもある。控えめに見積もっても、この病気はこの療法全体に拮抗しうる強さと根拠を持っており、控えめにでなく見積もれば、深い病気に陥っているのはこの治療法の側なのである。

結果的には、細部の議論をたどりながらそのことを明らかにすることが本書の第二の狙いとなった。したがって、相互に無関係なさまざまな問題がちょっと論じられては未展開のまま放置されている、と感じる人もいるかもしれないし、逆に、手を替え品を替えつねに同じ問題が論じられている、と感じる人もいるかもしれない。どちらの印象も正しいであろう。同じ問題が論じられているように見える場合でも、私が正しい（というより真に問題である）と思う方向へ導いてはいるが、いつもそれの内部へ踏み込む直前で終わっている、と感じられるかもしれない。その印象も一面の真実ではある。私はここで萌芽的に論じた問題をさらに大きな視野に立って体系的に論じてみたいと思っている。ここで論じられている問題は、それ自体としては狭いが、しかし直接的に論じられていない諸種の哲学的問題と通底しているだけでなく、言語によって構成されたわれわれの世界すべての構成原理全般に波及してくる、と私は信じている。

著者ウィトゲンシュタインの真意を探ってそれを解明するという点にかんしては、

私はむしろ訳文の作成そのものにその意図を込めた。本書にはすでに大森荘蔵氏と黒崎宏氏の二種類の邦訳があるが、この翻訳によって著者の意図がより明確になるように努めたつもりである。

大森氏の訳は独特の表現がときに懐かしい達意の名訳ではあるが、どういうわけか脱落が多く、達意の名訳すぎて（？）真意がつかみにくい箇所もある。黒崎氏の訳は直訳にすぎて意味が取りにくい場合があり、またその解説的な注は私には同意できない点がひじょうに多い。

独特の表現がときに懐かしいといえば、『青色本』というタイトル自体がそうである。私なら『青いノート』とでも訳したいところだが、すでにこのタイトルが浸透していると思われるので、今回は（涙を呑んで）踏襲した。

ここで私が述べたことを理解するのには、ある強い抵抗感がはたらくかもしれない。世の中で生きていくために背負わされた前提を取り去って、意志的に素直に、技巧的にありのままに、世界を見る必要があるからだ。しかし、そこを経由しないと、そもそもウィトゲンシュタインが名医なのか藪医者なのか、判断することすらできない。

（ウィトゲンシュタインのテキストを解読するというよりも、まずは本書の基本論点を知りたいと思う方は、いきなり**7**、**8**の前半のコウモリが出てくる以前の部分、そして**9**を読まれ、次いで**16**、**17**、**19**、**20**、**21**、**24**、**26**、**27**、**29**、**30**、**31**を読まれることをお勧めしたい。また、思考実験というものに興味をお持ちの方は、**23**の偶丸奇森、**31**のN・Y・C、**34**の太郎・次郎・三郎・四郎・五郎のお話を楽しみつつその哲学的含意を味わっていただきたいと思う。）

目次

【略　号】

「***W***」はウィトゲンシュタインの原文、「***N***」はそれに対する永井の論評。

「原」は原書、すなわち、Ludwig Wittgenstein, *The Blue and Brown Books*, Basil Blackwell, 1975.

「全」は全集版、すなわち、大森荘蔵訳『ウィトゲンシュタイン全集6』大修館書店。

「文」は文庫版、すなわち、大森荘蔵訳『青色本』ちくま学芸文庫。

「黒」は黒崎宏訳、すなわち『『論考』『青色本』読解』産業図書。

数字は各書における引用文冒頭部の頁を示す。

『青色本』を掘り崩す――ウィトゲンシュタインの誤診

1　哲学における達成とは

W

私的体験について語るのをこれまで先延ばしにしてきた理由は、この問題を考え始めると幾多の哲学的困難が惹き起こされ、それがふつうに体験の対象と呼ばれるべきものについての常識的概念のすべてを壊してしまう恐れがあったからである。この問題に思いいたると、これまで記号について言ってきたことや例の中で挙げた対象について言ってきたことについて、すべてもう一度考え直さなければならないかのように思われたりもする。

こうした状況は、哲学の研究において、ある意味で典型的なものである。この状況は、ときに、いかなる哲学的な問いもすべての哲学的な問いが解決されるまでは解決されない、という言い方で語られてきたものである。その意味するところは、すべてが解決されない限り、新しい問題が現われるたびにそれまでのすべての解決が疑わしいものになってしまうであろう、ということである。このような言い方に対しては、もしそんな風に哲学について一般的に語るべきであるなら、大ざっぱな答え方しかできない。すなわち、それまでに達成された部分的成果が最終的な像の中で占めるべき位置は、新しい問題が起こることによって再考を促される場合があるのだ、と。こういう場合に、それまでの成果は再解釈されなければならないだろうと言う人もいるだろう。しかし、それらはこれまでと違った文脈に置かれなければならない、と言うべきなのである。

蔵書を整理せねばならないとしよう。最初、本は床の上に乱雑に置かれている。それらを分類してしかるべき場所に置くには、多くのやり方があろう。一冊ずつ取り上げて、一つ一つふさわしい場所に置いていく、というやり方もあるだろう。だが、何冊かの本を取り上げて、少なくともこれらの本はこの順序に並ぶべきだ、ということを示すだけのために棚に一列に並べる、というやり方もありうる。整理が進めば、その一列はまるごと別の場所に移されねばならなくなるだろう。しかし、それだからといって、それらの本を並べたことが最終結果にいたる一つのステップでなかったと言うのは誤りである。それどころかこの場合、一つのグループをなす本をそのように並べたことは、その全体が後に別の場所に移されねばならなかったにせよ、一つの明確な達成であったことはあまりにも明らかである。哲学における最大の達成のある種のものは、一つのグループをなすと思われていた本を取り出して別の棚に置く、といったことにのみ類比的なのである。本を置くべき場所について最終的に決定されたことといえば、それらの本はもはや一緒に並べられないということだけである。こういう仕事の難しさが分からない傍観者が、こういう場合、何ごとも達成されなかったと思ってしまうことはおおいにありうることだ。――哲学において難しいのは、ただ自分が知っていることだけを語る、ということである。たとえば、二冊の本をふさわしい順序に並べたとき、それだからといって最終的な場所に置いたわけではないことを理解することである。

（原44　全86　文104　黒73）

N　ここでは、これからなされる哲学的議論が「少なくともこれらの本はこの順序に並ぶべきだ」ということを示すことに比されている。この順序に並べられた本は、全体としては後でまったく別の場所に移されるかもしれない。それは今はまだ分からない。分かっているのはその小さなまとまりの内部での順序だけなのである。それでも、こういう仕事の意義に変わりはない。哲学というものを一つの大きな世界観を提示するものだと思っている人にとっては、これは少し意外な考え方かもしれない。しかし、実際に哲学をするということは、このような部分的な秩序を一つ一つ構築していくことである。いかなる大体系家も、実際にはそのように哲学をしてきたにちがいない。

2　私的体験が素材となって実在が構成されていると言いたい誘惑

W われわれの周囲の諸対象とそれらについてのわれわれの私的体験との関係を考えるとき、ときとしてわれわれは、そうした私的体験が素材となって実在が構成されている、と言いたくなる。どうしてこんな誘惑が起こるのかは、後に明らかになるだろう。

このような考え方をするとき、われわれは周囲の諸対象をしっかりとつかまえることができなくなってしまい、その代わりに、別々の人の多数の切り離された私的体験だけが残されるように思える。そして、これらの私的体験もまた捉えどころがなく、いつも流動状態にあるように思える。われわれの言語はそうしたものを描写するように作られてはいないように思える。このような事態を哲学的に解明するには、われわれの日常言語は粗すぎるので、もっと精妙な言語が必要だ、と考えたくなるのだ。

一つの発見をしたように思われる。――われわれが立っていた大地、確固としていて信頼できるように見えていたこの大地が、実は沼地であり不安定なものであることが分かった、とでも表現できるような一つの発見。——これは、われわれが哲学を始めるときに起こることである。というのは、常識の立場に戻れば、すぐさまこのような全般的な不確かさは消え去るのだから。（原45　全88　文106　黒75）

N　この、いつも流動状態にある多数の切り離された私的体験を描写するための「もっと精妙な言語」が、いわゆる「感覚与件言語」であり、それが他人たちとは切り離されていても異時点の自分自身と結びつきうるか、という問題がいわゆる「私的言語」の問題である。私的言語の問題は、それとしては『哲学探究』の二〇〇番代で主題化されるが、その原基形態はこの『青色本』での議論にある。

3　語は対比項なしには使われえないか

W　この奇妙な状況は、一つの具体例を見ることで、いくらかはっきりしてくる。それは、われわれの置かれている難局を例解し、その種の難局からの出口を示してくれる、次のような一種のたとえ話である。通俗科学者がこんな説明をしてくれたとする。われわれの立っている床は、普通そう思われているのとは違って実はスカスカで、硬くはないのだ。なぜなら、木材はほとんど真空と呼ばれてよいほどまばらに空間を満たす微粒子から成り立っていることが発見されたからだ、と。こういう話はわれわれを困惑させがちである。というのは、ある意味でもちろん、われわれは床が硬いことを知っており、もしスカスカで硬くないとすれば、それは木材が腐っているせいではあっても電子から成り立っているせいではない、ということも知っているからだ。電子から成り立っているがゆえに床はスカスカで硬くないと言うのは、言葉の誤用である。というのは、その微粒子に砂粒ほどの大きさがあり、砂山の砂ほどに詰まっているとしても、砂山が砂粒から成り立っているのと同じ意味で床が微粒子から成り立っていたら、床は硬くはないであろうから。われわれの困惑は誤解に基づいていた。まばらに空間を満たす微粒子という像の適用の仕方を間違えたのだ。なぜなら、物質構造のこの像は、まさにこの硬さという現象を説明するためのものだったのだから。

この例では、「硬い」という言葉が間違えて使われ、本当に硬いものなど何もないことが示されたかのように見えたが、それとちょうど同じように、感覚的体験の全般的な捉えどころのなさやすべての現象の流動状態についての困惑を述べるとき、われわれは「捉えどころのなさ」や「流動状態」という語の使い方を間違えている。それは典型的に形而上学的な使い方、すなわち語を対比項なしに使うという使い方である。これに対して、正しい日常的な使い方では、捉えどころのなさははっきりしていることに対比され、流動状態は安定状態に対比され、不正確は正確に対比され、そして問題は解決に対比されて使われる。「問題」という語にしてからが、哲学的困惑に対して使われる際には、誤用されていると言ってもよかろう。哲学的困惑は、それが問題として見られているかぎり、ただ人をじらすだけで、解決不可能に見えるからだ。

（原45　全89　文107　黒75）

N この箇所の議論は短絡的である。語が対比項なしに使われることは、とくに形而上学的ともいえない場面でもしばしばなされることであり、むしろ人間の自然なあり方に発する言葉の自然な使い方だともいえるからである。たとえば、通常は「不幸」は「幸福」と対比されて使われるとしても、ときには、「人間とは不幸な生き物だ」とか、「そもそも生まれてきた（あるいは生きている）ことは不幸なことだ」とか、何かしら全般的な語り方をしたくなる場合があるだろう。これは、人間がその

生それ自体を、あるいは存在それ自体を、対象化して考えてみたくなる生き物である以上、当然のことであり、むしろ人類文化の源泉であるとさえいえる事実である。少なくとも避けるべきだとみなすべき理由はない。この例について言えば、たしかにそもそも生きていないものは幸福でも不幸でもないだろうから、生きていること自体が不幸だというのは不当な言い方だといえなくはないが、ここで事態は暗に「生まれてこなかった場合」や「存在しなかった場合」と対比されているのであって、このように対比項が非日常的な次元へと拡散されていくのは（上述の人間の自然本性に対応する）言語の自然な拡張形態であるといえる。そしておそらく、この種の超越傾向は、言語の見せる夢であるよりも、むしろ言語の成立基盤ではなかろうか。

4　ただ私自身の体験だけが実在すると言いたい誘惑

W 私にはただ私自身の体験だけが実在（リアル）すると言いたい誘惑がある。「私は、私が見ること、聞くこと、痛みを感じること、等々、を知っている。しかし私は、他人がそのようなことをしていることを知らない。私は私であり彼らは彼らであるという理由で、私はそれを知りえない。」

(原46　全90　文108　黒77)

N ここから主語が「私」になっている点に注意されたい。「私には……と言いたい誘惑がある」と語るその「私」とは、後に登場するような例示としての「独我論者」ではなく、ウィトゲンシュタイン自身を指しているだろう。

ウィトゲンシュタイン以前の哲学において「ただ私自身の体験だけが実在する」と言われたなら、それはふつう、客観的な物の世界は実在せず、私の体験から構成されたものにすぎない、という主張だと理解される。だが、ここで「私自身の体験」と対比されているのは、客観的な物ではなく他人の体験である。この対比の転換に注目してほしい。この転換にともなって、断絶しているはずのその二つ（私の体験と他人の体験）をまったく対等に語る言語というものの存在がクローズアップされることになる。ここに哲学史における問題そのものの画期的な転換が読み取られねばならない。

あらかじめ、独我論と観念論の関係についてひとこと注記しておく。ウィトゲンシュタインは明確に論じていないが、ここで問題にされているような独我論者なら、外界や物質の存在をふつうに認めてかまわない。すなわち、私が見ていないとき外界の物体が客観的に存在してかまわない。ただ、それを実際（リアリー）に見ることができるのは私だけである。したがって、他人は「見る」という語を私とは違う意味で使う。それでじゅうぶんなのだ。

独我論者は夢を見ることができるか、という問題にも（「という問題にも」といってもそんな問題を立てた人がこれまでいたかどうか知らないが）同様な観点から答えることができる。独我論者が夢を見ることができないように思われるのは、彼にとってはすべてが夢と同じになってしまうから、夢と現実の区別がつけられないように見えるからである。しかし、独我論と夢と現実の区別とは関係がない。観念論者は夢を（のみならず幻覚も錯覚も）見られないかもしれないが、独我論者は夢を（のみならず幻覚も錯覚も）見ることができる。これは、観念論者には（外界の物体は存在しなくとも）他人の心は存在するのと表裏の関係にある。

私にとって他人（の心）と外界（の物体）のどちらがより異質な存在であるかは、哲学的にきわめて重要な対立点であるから、独我論と観念論の対立はきわめて重要な意味をもつはずである。にもかかわらず、この二つを混同している人が（専門家の中にさえ）多いのには驚くほかはない。

5　だが他人も「まったく同じこと」が言える

W　他方ではしかし、だれかに向かって私の体験だけが実在するものだと言うのは気が引ける。そして、その人だって自分自身の体験にかんしてまったく同じことがいえると答えるであろうことはわかっている。そう答えられてしまえば問題ははぐらかされてしまうように思える。私はまた、こうも言われる、「もしあなたが、だれかが痛みを感じていることに同情するなら、どうしたってあなたは、少なくともその人が痛みを感じていることを**信じ**てはいなければならない」、と。しかし、どうしてそれを**信じる**ことなどができようか。どうして「他人が痛みを感じていると信じる」などという言い方が私にとって意味をもちえようか。いかなる証拠もありえないのに、どうして私はそもそも他人の体験という観念を手に入れることができようか。

しかし、これは奇妙な問いではなかろうか。私はだれか他人が痛みを感じていることを信じることが**でき**ないのか。それを信じるのはあまりにも容易ではないか。――事態は常識に対して現われている通りであると言うのが答えなのでは？――ふたたび、言うまでもなく、われわれは日常生活においてこのような困難を感じはしない。また、自分の体験を内観によって精査したり科学的に探究することによってこのような困難を感じるわけでもない。ただ、どういうわけか、自分の体験をある仕方で見ると、われわれの表現はもつれがちになるのだ。あたかも、ジグソーパズルを組み立てようとしているのに、ふさわしいピースを持っていないか、ピースの数が足りないかのような感じがする。しかし、ただごちゃごちゃになってしまっているだけで、ピースは全部ちゃんとそろっているのだ。したがって、ジグソーパズルとの間には、さらにまた別の類比が成り立つ。力ずくでピースを合わせても無意味だ、ということである。すべきことはただ、注意深くピースを眺めて配列することである。

(原46　全90　文108　黒77)

N　第一段落は短いが内容豊富である。

前半のポイントは、他人もその人自身の体験に関して「私」が言いたかったこととと「まったく同じこと」が言えてしまう、という点にある。言語の意味という観点に立てば、「私」が言いたかったことと「他人」が言いたかったことは「まったく同じこと」である。だが、そのような観点に立ってしまえば、提起されている問題は

「はぐらかされて」しまうのだ。なぜなら、もしそれでいいなら、私と他人とのこのやりとりは、他人たちの間でなされてもまったく同じであることになるからだ。まさにそうではないということを、「私」は言いたかったはずなのに、である。

　このはぐらかしが終わった地点に立つことが、すなわち一つ前のコメントで述べた「ウィトゲンシュタイン以前の哲学」の見地に立つことである。この見地に立つと、だれから見ても客観的な物の世界の存在が一般的に疑わしくなり、それと同じ意味で他人の体験の存在が一般的に疑わしくなる。出発点をこの一般性の見地に置かず、それが成立する以前の段階に置くことが、すでにしてウィトゲンシュタイン哲学の画期的な達成なのである。この点を見失わないでいただきたい。

　後半のポイントは、他人の体験の存在は疑わしいなどといったことが問題なのではなく、そもそも他人の体験という観念を手に入れることさえできないことが問題なのだ、という点にある。この論点もまたウィトゲンシュタインに固有のものである。「他人が痛い」ことや「他人が悲しい」ことが疑わしかったり事実に反したりするのではなく、そもそもその言語表現そのものの意味が分からないと言うのである。したがって「少なくとも……信じてはいる」といった解決策は役に立たない。ウィトゲンシュタイン的独我論はこのような言語的独我論であって、まったく独自のものである。「独我論」というものを一種類のものであるかのように考えている人が多いので、この点にも是非とも注意していただきたい。

ここでもう一度、前半の「はぐらかし」の議論を反復することができる。私が、「そもそも私には「他人が痛みを感じている」ということの意味が分からない」と言えば、言われたその他人だって、「私も同じだ（私だってその意味は分からない）」と答えることができるからだ。この段階で成立するのが、先に言及した「私的言語」という問題である。だからまず第一に、もちろん問題の根源は独我論にあるのだが、それはあくまでもウィトゲンシュタイン的な独我論であり、しかも第二に、この段階ですでにそれは最初の独我論ではなくなっていることがありうる。

さて、ウィトゲンシュタインのこの議論に対して（また別の種類の独我論の観点から）こう反論することができるだろう。たしかに事実として、他人の体験は実在しない（現実に痛くも悲しくもない）。しかし、他人にも体験がある（彼らそれぞれにおいては痛みも悲しみも存在している）ということの意味はじゅうぶん理解できる。それは、その人にもじつは私のこれと同じ種類のことが起こっているということであろうから。そういうことは十分ありうるし、それどころか恐らくは起こっているだろうとも思う。問題は、それなら現実に感じられるのはなぜこれだけなのか、という点にあるのだ。つまり問題はむしろ、これを例外たらしめているものは何なのか、にあるのだ、と。（このような種類の「独我論」には、公共言語の存在とのあいだにいかなる軋轢もないことにも注意されたい。したがってもちろん、私的言語という問題とも無縁である。）

最後にジグソーパズルの比喩が提出されるが、さほど適切だとも思えない。ここで、ここまでの話の流れが一時とぎれ、いったん少し方向を変えて、以下ではしばらく一般的な「心と物の関係」が主題になる。

6　世界の素材としてのエーテル状の私的体験

W　物質世界（外界）の事実を記述していると言える命題がある。大雑把に言えば、それらは固体や流体などの物理的対象について語る。特に自然科学の法則について考えているわけではない。「庭のチューリップが満開だ」とか「スミスはもうすぐ来るだろう」といった命題でよい。これに対して、私的体験を記述する命題がある。心理学の実験において被験者が自分の感覚的体験、たとえば視覚的体験を記述するときの命題などがそれである。被験者はこの視覚的体験を、彼の眼前に実際にどんな物体があるかとは無関係に、そして注意すべきことだが、彼の網膜、神経、脳、彼の身体の他の部分、に生じていると観察されるかもしれないどんな過程とも無関係に（すなわち物理的事実にも生理的事実にも無関係に）記述するのである。

一見したところでは、ここには別々の素材から出来ている二種類の世界、心的世界と物的世界があるように見えるかもしれない（なぜそう見えるのかは後になってはじめて分かるのだが）。実際、心的世界はガス状の、あるいはむしろエーテル状のものであるように思われがちである。しかしここで、ガス状のものやエーテル状のものが哲学で演じる奇妙な役割を思い起こしていただきたい。その奇妙な役割は、ある名詞がふつうの意味での対象の名前としては使われていないことに気づいて、したがってそれは何かエーテル状の対象の名前であると考えざるをえなくなったときに、登場する。つまりわれわれは、言い逃れとしての「エーテル的対象」という観念をすでに知っているのである。それは、われわれがある語の文法について困惑しているとき、そしてその語が物的対象の名前としては使われていないことだけが分かっている場合に、登場するのである。このことは、心と物という二種類の素材の問題がどのようにして解消されるかを考えるヒントになる。

私的体験という現象は、時には、ある意味で、地上で起こる物的現象に対して大気の上層で起こる現象であるかのように思える。そのような上層で起こる現象は、物的現象がある程度の複雑さに達したときに生じる、という見解がある。たとえば、あるタイプの動物の身体が進化してある程度の複雑さに達したとき、心的現象、感覚体験、意志、等々が生じる、といった具合に。これには、たしかにある種の明白な真理が含まれているように思われる。アメーバは、話したり書いたり論じたりしないのに、われわれはそうするのであるから。他方ではしかし、ここで、「機械が考えることは可能か?」と表現されうるような問題が起きる（この機械の動きが物理法則によって記述され予測されようと、あるいはひょっとして、生物の行動に適用される別種の法則によってそうされようと）。これによって表現されている問題は、どうすれば考えることができるような機械が作れるのかがまだ分からないということではない。この問題は、百年前にだれかが問うたかもしれない「機械は気体を液体にすることができるか?」という問題と類比的な問題ではないのだ。問題はむしろ、「ある機械が考える（知覚する、望む）」という文が何かしら無意味に見えるということなのである。それはむしろ「3という数には色があるか?」と問うのに似ている（「明らかにわれわれに知られているいかなる色もないのだから、それはどんな色でありうるのか？」）。というのは、事態をある観点から見ると、私的体験は、物理的・化学的・生理的過程の産物であるどころか、そのような過程についてわれわれが何らかの意味で語るすべてのことのまさに基盤そのものであるように思われるからである。このように見ると、世界を構成する素材という観念をまたもう一つ別の誤りに導きがちな仕方で使って、心的なものと物的なものから成る世界全体が、心的なものという一種類の素材だけから出来ている、と言いたくなる。

われわれが知っているあらゆるものを眺めて、この世界は私的体験をもとにして出来ていると言えるなら、われわれの知識はその価値、信頼性、堅固さの多くを失うように思える。そうすると、すべては「主観的」だと言いたくなるのだが、それはある意見が単に主観的であり趣味の問題にすぎないという場合のように軽蔑的な意味においてなのである。さて、この見方が経験と知識の権威をゆるがすように見えるということは、ここで言語がわれわれを誘惑してある誤った類比を描かせようとしているという事実を教えてくれる。このことは、あの通俗科学者がわれわれの立っている床は電子から成り立っているのだからじつは硬くはないのだと証明しえたように思えたときのことを思い出させるはずである。

われわれは表現の仕方によって惹き起された問題に直面している。

（原46　全90　文109　黒78）

N　この箇所は、個々に言われていること自体はさほど難しくないが、議論のつながりを捉えるのは意外に難しい。①「エーテル状」の私的体験が世界の素材になっている、という観念論的見解、②物がある複雑さの段階に達したときに心が生じるという自然主義的見解、③問題はじつはそうした事実問題なのではなく「機械が考えることは可能か」のような概念的な問題なのだという文法論的見解、の三者が入り乱れて提示されている。ウィトゲンシュタインが③を支持して、とりわけ②を批判しようとしていることはわかるが、その根拠ははっきりしない。

最後に、「この見方が経験と知識の権威をゆるがすように見えるということは、ここで言語がわれわれを誘惑してある誤った類比を描かせようとしているという事実を教えてくれる」とか「われわれは表現の仕方によって惹き起された問題に直面している」と繰り返されるが、そういえる根拠は明示されていない。床は電子から出来ているからじつはスカスカで硬くないという通俗科学者の主張と、私的体験こそが世界の素材であるからすべては心的だという観念論者の主張とのアナロジーは、どこまで（そしてどのように）成立するのだろうか。唯一与えられているヒントは、空間を満たす微粒子という像はまさに硬さを説明するためのものだった、というあの論点なのだが、もしこれを真正直に受け取るなら、私的体験という像はまさに物的世界の堅固さを説明するためのものだった、と言えなければならないことになる。(私自身はそう言えなくはないと思うが、これだけのヒントからウィトゲンシュタイン自身がここでそこまで言っているとみなすのは少々無理があろう。)

ここからこの議論は以下に見るように発展していくが、本来の主題に戻ると見るべきであろう。

7　ウィトゲンシュタイン的独我論

Wこれにきわめて近い問題が「私はただ私自身に私的体験があることを知りうるだけであって、他人にそれがあることは知りえない」という文によって表現されている。——それなら、他人にも私的体験があることは必然性のない仮説だと言うべきなのか。——だが、そもそもそれは仮説であろうか。もしそれがあらゆる可能的経験を超えているなら、その仮説を立てることさえどうしてできるのか。そんな仮説がどのようにして意味によって支えられることができようか(それは金によって裏づけられていない紙幣のようなものではないか)。——われわれは他人に痛みがあるかどうかを知ってはいないとはいえ、たとえば同情するときには、他人にそれがあることを信じてはいる、と言われても何の助けにもならない。たしかに、もしそう信じていなければ、同情するはずはない。しかし、それは哲学的・形而上学的な信念なのか。実在論者は観念論者や独我論者以上に私に同情してくれるであろうか。実のところは、独我論者はこう問うているのだ。「どうすれば他人に痛みがあると信じることができるのか。そう信じるとはどういう意味なのか。そのような想定の表現はいかにして意味をなしえているのか」。

(原48　全93　文113　黒81)

N まず確認しておくべきことは、ここで登場する「独我論」はウィトゲンシュタインに固有のものであることである。こういう点はぜひとも細密に理解していただきたい。たとえばデカルト的独我論というものを考えてみよう。デカルトは、他人に私的体験があることは確実には知りえないからその存在を疑うことができ、確実な知識に到達するまではその存在を認めないことにしよう、とは考えるであろう。だが、それはまさしく「他人にも私的体験があることは必然性のない仮説だ」という見

解ではないか。そして、ウィトゲンシュタインがここで否定しているのは、まさにそのような見解なのである。哲学において重要なのはこういう種類の対立である（どちらも同じ「独我論」なのだから大体は似たようなものだろうなどとはゆめ思わないでいただきたい）。ウィトゲンシュタイン的独我論では、そもそもそのような「仮説」さえ立てることができない。それが何を意味するのかがそもそも分からないのだから。だから当然、他人の私的体験は、現実に存在しないかもしれないのではなく、そもそも存在する可能性さえもないことになる。意味の分からないことはそれが実現するということの意味も分からないからである（つまり、実現したりしなかったりできるそれがそもそも存在しない）。

さて、デカルト的独我論の意味するところを理解し、かつそれを実感するのは、比較的容易なことである。意外に思う人もいるかもしれないが、それはじつはもともとかなり常識的な世界観なのである。だから、それを理解し実感することには、さしたる抵抗感がないはずである。しかし、ウィトゲンシュタイン的独我論の場合はそうはいかない。その意味するところを理解しかつ実感するには、ある種の抵抗感があるはずである。

ウィトゲンシュタイン的独我論を、実感として語ってみればこうなるだろう。他人に私的体験があるなんて、想像してみることもできない。だって、他人なのだから。もしそれがあったら、他人ではなく私自身になってしまうではないか！　これにウィトゲンシュタイン的診断をも加味して、さらに語り続ければこうなるだろう。それはあたかもチョッキに袖があることを想像するようなものだ。もし袖があったら、それはチョッキではないのだから、その想像においてそれはチョッキではなくなってしまうだろう。同様に、他人に私的体験があることを想像してみたら、その人は私になってしまう！（前半はウィトゲンシュタイン的独我論者の言い分そのものだが、後半はすでにその治療者の側の言い分を含んでいることに注意されたい。もちろん、前半の言い分にもじつは治療者の側の脚色が加わってはいないか、とさらなる疑いをかけることはできる。）

さて、個々の私的体験にかんするかぎり、これはある意味では本当のことだともいえよう。われわれはたしかに他人の私的体験をそのようにしか「想像」できないかもしれない。しかし、私的体験一般にかんして、他人にそれがあることをそもそも理解できない人など現実には存在しないだろう。しかし、それは何故か？

その問題に踏み込む前に、引用文の後半について触れておく必要がある。この問題場面では、「知る」ことはできないが「信じる」ことならできる、といった種類の解決策はなんの役にも立たないという点である。それが役に立つのは、あくまでもデカルト的独我論の水準までである。ここで問題はもはや、知っているのか信じているのか、といった次元にあるのではない。「〜と信じる」の「〜」の意味が決まらないことが問題になっているのに、なぜそれを「信じる」ことなどができようか。信じるべきそれが存在していないのに。

しかし、それならなおのこと、他人にも私的体験がありうるということをそもそも理解できない人など現実には存在しないのは、いったい何故なのだろう？　この問題をもっと先鋭にするために、「私的体験」という何らかの中身のありそうなものを対象にするのをやめて、代わりに「私である」という、そういう中身のない、きわめて特殊な裸の規定性だけで考えてみよう。「私にはなぜかこの人間だけが私であるという特殊なありかたをしているという端的な事実が与えられているだけだ。その外には一歩たりとも出ることができない。だから、他人もまたそれでありうるなんて、何を意味するか分かりようもない。私は、私とは何であるかをただこの実例のみによって知っており、他人とは端的にそれでない人間のことを意味するのだから。」この場合、本文を言い換えた次のような反問はより先鋭な意味をもつはずである。「それなら、他人も私であることは必然性のない仮説だというべきなのか。――だが、そもそもそれは仮説であろうか。もしそれがあらゆる可能的経験を超えているなら、その仮説を立てることさえどうしてできるのか。そんな仮説がどのようにして意味によって支えられることができようか。」しかしふたたび、現実には、他人もまたそれでありうることをそもそも理解できない人などは存在しない。他人もまたその人自身にとっては「私」である――私が私自身にとってそうであるのとまったく同じ意味で――ということを、だれもが理解している。しかし、それは何故か？ そして、どうして「まったく同じ意味」でありうるのか？

　ウィトゲンシュタインの議論はこれから追っていくことにして、まず私自身の見解を簡単に述べておこう。言語の意味が問題であるかぎり、可能な答えは一つしかありえない。だれであれ、「私」や「私的体験」という語の意味を、自分自身という実例にのみ基づいて理解していることはありえない。なぜなら、もしそうだとしたらそれが何の実例であるのか分からないだろうから。その理解において、事態はすでに形式化されているほかはないのだ。たしかに「この人だけが〈私である〉という特殊なありかたをしているという端的な事実が現に与えられているだけ」ではあるのだが、形式上それと同じ（つまり種類が同じ）事態が別のところでも成立しているという考えは、不思議なことではありえない（「種類が同じ」とはこれと同じ言語記述があててはまるということである）。つまり、この端的な私でないだれか他の人が「この人だけが〈私である〉という特殊なありかたをしているという端的な事実が現に与えられているだけ」だと思っていたとしても（つまり、その人にとっては「現実に」そうであったとしても）、それはとくに不思議なことではない。ということをもし理解できるならば、「他人もまたそれでありうるなんて、何を意味するか分かりようもない」ということはありえないことになる。いま現に「この人」においてその事態が成立しているとみなしている（そういう事態の成立を概念的に把握している）以上、別の人においてもその事態が成立しうることが理解されている（そして現実にはそれが成立しないでこれが成立していることが理解されている）のでなければならないからである。これはいわば、本質的に対比項がありえない事態を（「語を対比項なしに使う」ことで）捉えることによって、その結果としてそれの対比項を作り出す、というプロセスである。もちろん、これを逆に、対比項を作り出すことによって本質的に対比項がありえない事態を概念的に把握する、と言ってもかまわない。（いずれにせよ「典型的に形而上学的な使い方」などではない。）

　このことはしばしば、この種の独我論者に対する次のような反論として表現される。あなたは「私はただ私自身に私的体験があることを知りうるだけであって、他人にそれがあることは知りえない」と言うが、他人には他人の私的体験があるのだから、あなたがそれを体験できないのはあたりまえのことにすぎない。だからといってあなたは他人の私的体験の意味が理解できないはずはない。もしその意味が理解できないなら、あなたはあなたにそれがあることも理解できないはずである。

さて、これで問題は解決しただろうか。幸か不幸か、じつは解決しないのだ。そのことを見るために、さらにもう一歩突っ込んで、この「私である」という規定に事象内容的な記述を与えてみよう。それはたとえば「その目からだけ現実に世界が見えており、その身体だけが殴られると本当に痛く、その身体だけを実際に動かせる、唯一の人」といった記述であろう。(この事象内容的記述は、複数個存在する身体から一つの身体を選び出すためのものだが、身体だけでなく心もまた複数個存在することを前提にして、そこから一つの心を選び出すことを考慮に入れるなら、「その記憶や予期や意図……だけが現実に直接与えられているようなある特別な心(と結びついた身体をもつ人)」といった記述も付加すべきであろう。)これらの記述が集結して当てはまる人が現に一人いて一人しかいないということが問題の出発点であった。

さて、ここで、現に一人いることのほうは偶然的な事実(いないことも可能だから)だが、一人しかいないことの方は必然的な規定(いる場合には必ず一人に限るから）であろう。だからそのことは（「唯一の」という形で）この事象記述の内部に組み込まれてしまっている。必然的に「唯一の」であるものが同時に複数存在することはありえない。とすれば、他人が私とともに「私」であることはありえないはずではないか。

もっと悪いことには、「現に一人いることのほうは偶然的な事実」だとされたその「現に」も、「現実に」「本当に」「実際に」という形で、事象内容的記述に組み込まれてしまっているように見えることである（この「現実に」「本当に」「実際に」を外して「私」の本質を規定することができようか）。そうでしかありえないとすると、現実に、本当に、実際に、たまたまここに一人いる、という端的な事実そのものが、そうでない人々にも同様に当てはまりうることになる。実存が（実存という本質として）本質規定のうちに含まれることによって、むき出しの実存そのものが問題にできなくなってしまうのである。それを受け入れることが、他人が「私」であることを受け入れることとなのだから、それを受け入れなければ、他人が「私」であることは受け入れられないことになる。

唯一性と現実性の双方に渡って、ここにはある特殊な矛盾（あるいは「唯一」や「現実」といった規定が妥当する階層のずれ）が隠されており、この矛盾（このずれ）ゆえに、「独我論」の火種はどこまでも絶えることはない。だから、いま現に「この人」においてその事態が成立しているとみなしている（そういう事態の成立を概念的に把握している）以上、別の人においてもその事態が成立しうることが理解されている、などとそう簡単にはいえないのだ。なぜなら、その事態は決して成立しえないということもまた、同時に理解されていなければならないはずだからである。（ここはウィトゲンシュタインの思索について論評すべき場所なので詳述は差し控えるが、私見ではこの事実にはある決定的な現実的意味がある。一般に考えられているところとは異なり、この世の中は「諸個人とそれらから成る社会」とか「全体とそれを構成する諸部分」といった形式で成り立っていない。にもかかわらず、そのことが表立って知られていないために、多くの問題の理解が損なわれていると思われるからである。この点についてはいずれ詳述したい。）

8　ウィトゲンシュタイン的独我論の永井的拡張
（付・コウモリだったらどんなかな）

W　常識哲学者——観念論とも実在論とも無縁の常識人のことではない点に注意——の答えは、私にあるものが他人にもあると想定したり考えたり想像したりするという観念には何の困難もない、というものである。こういう実在論者の困ったところはいつも、彼の論敵が直面しているが自分では解決はできないでいる問題を、解くのではなく飛び越してしまっている、ということである。こういう実在論者の答えは、われわれから見れば、その問題をまさしく曝け出している。というのは、このように論じる人は、「(他人に) ある」とか「(他人にあることを) 想像する」という言葉の異なる使い方のあいだにある差異を見逃しているからである。「Aには金歯がある」とは、その歯がAの口の中にあることを意味する。このことは私にそれが見えないことを説明するかもしれない。さて、彼の歯痛の場合も、それは彼の口の中にあるから私には感じられないと言いはするが、これは金歯の場合と類比的な関係にはない。この二つのケースに、一見したところ類比的な関係があるように見えて、じつはそれがないことが問題を惹き起こしているのだ。この実在論者が気づいていないのは、われわれの文法のこの厄介な特徴である。私が他人の口の中にある歯に痛みを感じることは考えられることである。そして、他人の歯痛を感じることができないと言う人は、これを否定しているのではない。他人の身体に痛みを感じるという観念に親しむことによってのみ、われわれはいま陥っている文法的困難を明瞭に理解することになるだろう。というのは、さもなければ、この問題に迷い込んで、「私は他人の痛みを感じることができない」という形而上学的命題と「われわれは他人の歯に痛みを感じることができない（ふつうは感じない）」という経験的命題とを混同しがちになるであろうから。この後者の命題において、「できない」という語は「鉄の釘はガラスに傷をつけることはできない」という命題における「できない」と同じ意味で使われている。（これは、「経験の教えるところによれば、鉄の釘はガラスに傷をつけない」というように書くこともでき、そうすれば「できない」は使わずにすむ。）ひとりの人が別の人の身体に痛みを感じるということは考えられることである、ということを理解するためには、どのような種類の事実がある場所に痛みが存在することの基準とされているか、が検討されなければならない。次のような場合を想像することは容易である。自分の手が見えるとき、私はその手と身体の他の部分とのつながりをつねに意識しているわけではない。すなわち、手が動いているのは見えていても、しばしば、手を胴体につなげている腕は見えていない。そのとき、必ず別の仕方で腕の存在を確認するということもない。それゆえ、その手は、ひょっとすると私のかたわらに立っている人の体とつながっているかもしれない（あるいはもちろん、だれの身体ともつながっていないかもしれない)。私が痛みを感じ、たとえば眼を閉じたまま、すなわちその痛みだけに基づいて、それを左手の痛みだと言うとしよう。だれかが私にその痛い箇所を右手で触れと要求する。私はその通りにし、そして見まわすと、かたわらの人の手(かたわらの人の胴体とつながっている手という意味での)に触っていることを知る。

(原48　全93　文113　黒81)

N　冒頭で常識哲学者が「観念論とも実在論とも無縁の常識人のことではない」と規定されているが、その後はこのうちの実在論者の主張が問題にされている。この対比を念頭に置くなら、直前のコメントで取り上げたデカルト的独我論は、常識哲学者のうちの観念論者と分類されることになるだろう。なぜなら、この観念論者は、私にあるものが他人にもあると想定したり考えたり想像したりするという観念には何の困難もない、ということを前提にしたうえで、しかしそれ——じつはあったりじつはなかったりできるそれ——は、あることもないことも確実に知ることはできないから、ないかもしれない、と論じるからである。

こうした常識哲学者たちは、他人の歯痛の存在を、決して口を開けない人の口の中にある金歯の存在のようなものと類比的に考えている。そして、もしそのように考えるなら、他人の歯に痛みを感じることはむしろ容易に考えられることである、なぜならそれは、そいつの口をこじあけて金歯を見ることに類比的だから、というのがそこでのウィトゲンシュタインの議論である。この議論の進め方は、まさに哲学的議論の見本といえるほど、まことに優れている。是非ともしっかりとつかまえていただきたい。

しかし、それにもかかわらず、ここで登場しているのはきわめて異様な世界観であることにも注目されたい。「私が他人の歯に痛みを感じる」ことは可能だが「私が他人の歯痛を感じる」ことは不可能であるというこの対比は、「およそ痛みが存在するならそれを感じるのはつねに私である」という独我論と結合して、私が他人の身体において感じる（意識する）ことは可能だが、他人の（つまり私のではない）感覚（意識）が存在することは不可能である、という主張となるのだから。この議論の細部については後に検討することにして、ここでは、ウィトゲンシュタインのこの重要な論点がその本質を失わずにどのような方向へと拡張されうるか、を見ておきたい。

他人の私的体験などというものはそもそもありえないが、他人の身体において私が何かを体験する（他人の身体に私が私的体験を持つ）ことはじゅうぶんありうることだ、という「私的体験」についてのこの思想は、先ほどと同じように「私的体験」をもっと抽象化して「私である」ことに置き換えた場合には、どのような思想として表現されるであろうか。それはおそらく、他人自身がそれぞれ「私」であることなどはありえない（不可能な）ことだが、私が他人である（他人が私である）ことはまったくありうる（可能な）ことだ、という思想として表現されることになるであろう。ところでしかし、この後者の「私が他人である（他人が私である）こと」には、二種類の可能性が考えられるはずである。

第一の可能性は、私が他人の歯にも痛みを感じることができるのと同じように、私が他人の目からも世界が見え、他人の身体全体にも（つまり歯だけでなく）痛みや痒みを感じ、他人の身体も自由に動かせる、……等々、が実現した場合である。「も」から分かるように、この場合、もちろん私は私自身の目からも世界が見え、私自身の身体全体にも痛みや痒みを感じ、私自身の体も自由に動かせることは前提されている。

第二の可能性は、上記の「も」がない場合である。すなわち、私が他人の身体にしか痛みを感じなくなってしまうことが「考えられる」ことであるのと同様に、私はある他人の目からだけ世界が見え、その他人の身体全体にだけ痛みや痒みを感じ、その他人の身体だけを自由に動かせる、といった全面的な移行もまた「考えられる」ということである。この場合はもちろん、もはや私は、現在の私自身の目から世界を見、現在の私自身の身体に痛みや痒みを感じ、現在の私自身の体を自由に動かすことはできなくなる。

さて、この第二の、「も」がない場合は、さらに二種類に分類することができるだろう。一つは、単に、私の身体がそれまで他人だった人の身体になる、という場合である（このことの意味も、何をもって「それまで他人だった人の身体」であるとみなすか、等々によってさらに分類できるが、それはここでは重要な論点ではない）。もう一つは、はるかに過激な想定で、単に私の身体がそれまで他人だった人の身体になるのではなく、私がそれまで他人だった人になるという場合である。身体が変わるだけではなく、人間そのものが変わるのである。これも「考えられる」と言わざるをえない根拠は、「私である」という規定の事象内容的な記述の内に、その私がだれであるかについての（すなわち、どのような身体を持っているかのみならず、どのような履歴およびその記憶、人生設計、性格、……、を持っているかについての）記述が含まれていない――含まれていてはならない――ことにある。要するに、私はだれであってもよいのでなければならないのである（これは別の本で「ライプニッツ原理」と呼んだ、〈私〉の存在にかんする重要な原理である）。

さてしかし、このように、身体が変わるだけではなく人間そのものが変わる場合を考えることは、「私であること」の事象内容的規定に、身体的なものだけでなく、前節のコメントの議論でも付加した、「その記憶や予期や意図……だけが現実に直接与えられているようなある特別な心である」という規定も付け加える、ということを意味する。とすれば、いま問題にしている状況は、「その他人だった人の記憶や予期や意図……だけが現実に直接与えられている」ようになった状況である。だからこそ、いまやその人こそが私なのである。

はて、しかし、つい今しがた「どのような履歴およびその記憶……を持っているかについての記述が……含まれていないのでなければならない」と言ったのに、この規定のうちには「記憶」が含まれているではないか。いや、そこに矛盾はない。その記憶はただ、それ「だけが現実に直接与えられている」というあり方をしていればよいのであって、その内容はどうでもいいからである。むしろ、内容の関係なさこそが論点の中心である。その意味では、ここには矛盾はない。

それでも、ここにはある種の矛盾が内蔵されてはいる。いまや私になったその人のその記憶には、肝心のその「なった」が含まれていない――含まれていないのでなければならないからである。たとえば、私の身体がだれかの身体になったのなら、私はその変化を記憶していることが可能である。一般に、私の何がどう変化したのであれ、その変化を記憶していることは可能である。しかし、私の記憶がだれかの記憶に変化したのであれば、当然のことながら、その変化を記憶していることはできない。もし記憶していたなら、その人の記憶に変化していないことになるから。

さて、では、たとえ記憶には含まれていなくても、私はかつてはこの人でなかった(別の人であった)という事実がある以上、そのことはこの世界のどこかに痕跡を残しているだろうか。断じて否。いかなる痕跡も残さない。なぜなら、その事実はわれわれが構成したこのみんなに共通の客観的世界の内部の事実ではないからである(厳密に言えば、そのことの結果としてわれわれになったのだが)。このような客観的世界を、規則に適うことに基づいて構成する原理を、別の本で「カント原理」と呼んだ。これは自明のことである。そもそも「その目からだけ現実に世界が見えており、その身体だけが殴られると本当に痛く、その身体だけを実際に動かせる、唯一の人」とか、「その記憶や予期や意図……だけが現実に直接与えられているようなある特別な心」などというものが、みんなに共通の客観的世界の内部に実在しているわけがない。その本質はまさにそういう世界像を拒否することにこそあったのだから。

記憶とか意図といったものは、感覚的なものと違って、そういう客観的世界像を前提にして、その内部に存在する一人格にかんして、成り立つものである。この意味で人格としての「私」が持続的に存在しているとされるときに依拠している原理と、いまここで（独我論的文脈で）問題にしているような意味での「私」の存在の原理とは、ちょうど「いたち」や「いらじ」や「物体」がそうであるように、通常は事実として符合しているとはいえ、じつは別の原理に基づいている（「いたち」と「いらじ」については、七九—八〇頁を参照されたい）。それゆえ、一方の原理に基づいて可能と考えられることが他方の原理において不可能（あるいは無意味な想定）であるのは当然のことである。

しかし、さらに一歩思考を進めるなら、もし時間というものをこの両原理から独立のものとみなしうるなら、記憶というものを身体のような所与のレベルに想定して、複数の人の記憶を渡り歩くメタ記憶の存在を想定することも不可能とはいえない。そうすれば、私が人格を移動した（他の人になった）ことを私が記憶しているということも考えられはする。しかし、そうした想定は、ウィトゲンシュタインのおこなった他人の身体に痛みを感じるという想定以上に、独我論という問題が問題にしたいある重要な事実を無駄に（文字通り）形而上学的なものとしてしまい、想定の可能性をめぐる枝葉の議論とは無関係な本質的な論点を見失わせてしまう恐れがある。

さてしかし、もし第二の可能性について以上のようなことがいえるなら、当然、ひるがえって第一の可能性についても同じ問題が指摘できるはずである。すなわち、第一の「も」がある場合にも、第二の「も」がない場合と同様に、二種類の分類ができるはずである。一つは、すでに述べた、私の身体がそれまで他人だった人の身体にもなる、という場合であり、もう一つは、はるかに過激な想定で、私の身体がそれまで他人だった人の身体にもなるのみならず、私がそれまで他人だった人にもなるという場合である。

この場合もまた、身体が変わるだけではなく人間そのものが変わる場合を考えることとは、「私であること」の事象内容的規定に、身体的なものだけでなく、「その記憶や予期や意図……だけが現実に直接与えられているようなある特別な心である」という規定も付け加える、ということを意味する。とすれば、いま問題にしている状況は、「私に他人の記憶や予期や意図……も現実に直接与えられている」ようになった状況である。

そして、この想定の場合には、先ほどは「独我論という問題が問題にしたいある重要な事実を無駄に（文字通り）形而上学的なものとしてしまい、……本質的な論点を見失わせてしまう恐れがある」として拒否した、複数の記憶の「メタ記憶」の存在を想定せざるをえない。ただしもちろん、複数の記憶を渡り歩くメタ記憶ではなく、複数の記憶を同時に持つメタ記憶である。観点からは不可能であるように見えても、こういえることになる。他人自身が記憶や予期や意図を持つことなどはまったくありえない（不可能な）ことだが、私が他人の記憶や予期や意図を持つことはまったくありうる（可能な）ことだ！と。

ところで、この結論は派手でどぎついので人の注目を浴びやすいが、じつはその陰には哲学的により重要な論点が隠れている。身体およびそれのおこなう知覚に関係した「その目からだけ現実に世界が見えており、……」と、そうではない「その記憶や予期や意図……」との根本的な差異である。前者にかんしてなされた、他者のそれらを感じるという想定の場合には、ウィトゲンシュタイン的独我論を引き継いで、他者のそれらを持ちえないと想定されていた。ところが後者にかんしてなされた、他者のそれらを持つという想定の場合には、ウィトゲンシュタイン的独我論を引き継いで、他者そのものはそれらを持ちえないと想定しうるとはかぎらないのだ。たとえば、私が他者の意図を（も）持つようになると想定する場合、私がそうする以前に、他者自身がその意図を持っていたのでなければならないからだ。そうでなければ、その他者の意図を、ということがそもそも成り立たないからだ。感覚の場合なら、彼が歯痛を感じなくても彼の歯に痛みを感じることは想定可能だが、彼がそもそも意図を持っていないのに彼の意図を持つようになるなどということはそもそも想定不可能だからである。

つまり、この意味では、そもそも他人が存在していると想定せざるをえない。この事実は独我論という発想にとって不利に働くように思われるかもしれない。ひょっとするとウィトゲンシュタイン自身もそう考えるかもしれない。しかし、私はまったくそうは考えない。こういう場合にもなお、私の記憶や予期や意図だけが実在するといえる。それが独我論の主張のポイントで、ウィトゲンシュタイン的独我論者も当然そう主張しなければならない。

しかし、そのこととは独立に、ここには哲学的に重要な論点が隠れている。第一に、ここでいう記憶や予期や意図は、感覚や知覚と違って、本質的に身体に付随しているわけではないのだから、そのことはいま存在するとされた他人のそれらについても妥当することになる。とすれば（他身体でないとすれば）、そもそも他人とは何であろうか。第二に、ウィトゲンシュタインが想定したような諸感覚のあいだの「符合」のためには、じつはこの記憶や予期や意図の働きが加わらざるをえない、という点である。その二つはじつは連動しており、『青色本』の議論を超えた重要な論点を作り出している。これはいわゆる「統覚」の問題と関連しており、後にもう少し論じる機会があろう。

以上、ウィトゲンシュタインの発想を可能な限り極限まで貫徹してみた。ひとこと注意しておきたいが、可能性をめぐるここでの大掛かりな議論はもちろん、最初のウィトゲンシュタイン自身の感覚拡張の議論でさえも、問題にしたい独我論の発想の本質を浮き彫りにするための思考実験なのであって、それ自体が重要なのではない。だから、もしこんな議論なしに発想の本質がつかめるなら、こんな議論はそれ自体としては必要ないし、また、この議論の突拍子もなさにつまずいて原初の発想がつかめなくなる人がいるなら、これらはすべて無視してよい。そして、こうした議論によって浮き彫りにしようとしている事態そのものは、ウィトゲンシュタインがどう言おうと、じつは単純にそうであって、そうでしかありえないことにすぎない。それが単純にそうであってそうでしかありえないことにすぎないと感じられていなければ、そもそもウィトゲンシュタインが何を治療しようとしているかも理解できないだろう。

さて、以上の議論が正しければ、私が実際には私の身体にしか痛みを感じることができないことが単なる経験的事実であって、諸種の拡張が可能であるならば、私が現実には永井均と名づけられたこの人物であってそうでしかありえないこともまた単なる経験的事実であって、そうでないことが可能でなければならない、ということになる。これらに対して、単なる経験的事実ではなく、「私」がそういうありかたをしていないことが不可能であるのは、先に提示した「私」の事象内容的規定である。これは形而上学的事実の表現であると同時に、文法的規定でもある。それゆえ、もしだれかが（たとえば独我論者が独我論的意図を込めて）「他人は「私」であることはできない」とか、あるいは「私だけがその目から現実に世界が見えており、その体だけが殴られると本当に痛く、その身体だけを実際に動かせる、唯一の人間だ」と言ったなら、彼は形而上学的事実を語ったつもりで、じつはたんに文法的発言をしたにすぎない、と受け取られる可能性があることになる。その発言によって彼はまさにそのことこそを否定したかったのに、である。後の議論のためにこの連関にも注目しておいていただきたい。（次第に明らかになるように、私は「経験的」と「文法的」のウィトゲンシュタイン的二分法を認めない。形而上学的問題を文法の問題に還元しようとする彼の企図は成功していないと思う。）

この箇所の議論との関連で、有名なネーゲルのコウモリについて論じておきたい。これから論じることをいきなり読んでもよく分からない人がいるかもしれないが、そういう方は本書全体を読んでから再読していただければ容易に理解していただけると思う。逆に、この議論がすっきり理解できた方は、本書の今後の議論も理解しやすいはずである。

ネーゲルの有名な論文 "What is it like to be a bat?" は「コウモリであるとはどのようなことか？」と訳されている。しかし、この訳ではその「どのような」がコウモリの主観的なあり方を問うているのか客観的なあり方を問うているのか、判然としない。「コウモリであるとは、前足の指のあいだの膜が翼の役割を果たし、哺乳類なのに飛べる動物であることである」のように答えられても文句が言えない。そうではなく、コウモリ自身の身になった、主観的なあり方が問われているのだ、という点を強調するには、「コウモリだったらどんなかな？」のように訳すべきかもしれない。

しかしこれだと、「私」が（あるいは人間であるという点で共通の体験をもつことが前提された「われわれ」が）もしコウモリであったらどんな主観的体験をもつだろうか、と問うていることになる。つまり、こちら側の主観性をあちらに持ち込むことになる。しかし、元来の英語表現は、コウモリであることが当のコウモリ自身にとってどのようなことなのか、とコウモリ自身にとっての主観性を問題にしているのであって、私（われわれ）がもしコウモリだったらどんな体験をもつかを問うているのではない。

だから当然、ウィトゲンシュタイン的独我論者なら、この問いを拒否するはずである。私がコウモリだったらどんな感じがするかは想像可能で、これは有意味な問いだが、コウモリであることがコウモリ自身にとってどんな感じであるかは想像不可能であり、これはそもそも無意味な問いである、と言うであろう。

しかし、対象がコウモリである場合にはそう簡単ではないかもしれない。そもそも、私がもしコウモリだったら……、の方も意味不明だと感じる人もいるだろう。私がコウモリであったなら、ということで、私がただ外面的にコウモリの身体をもったなら、ということが意味されているのではなく、コウモリそのものであったなら、ということが意味されているのであれば、そのとき私はコウモリが現にもっている体験をもつだけであろうから、そいつは単にコウモリであって、もはやいかなる意味でも私ではないのではなかろうか、と。

この問いに次のように答えることによって、私の理解する限りでのウィトゲンシュタイン的独我論者の考え方と、この問いの提起者であるネーゲルのそれとを、重ね合わせることができる。すなわち、私がコウモリであったならばと想像するとき、その「私」からは現に私がもつ経験的・偶然的規定はすべて取り除かれており、それはただ先に述べたようなその本質規定だけを持つのである、と。先に述べたような本質規定とは、この場合「その感覚器官によって現実に世界を知覚しており、その身体を切られると本当に痛覚を感じ、その身体だけを実際に動かせる、唯一の生き物である」というようなものとなる。「唯一の」それが、この場合、なぜかある一匹のコウモリなのである。私の解するウィトゲンシュタイン的独我論者と私の解するネーゲルの対立は、ここに登場する「現実に」「本当に」「実際に」をどう解釈するか、すなわちそれ自体を本質規定の内部に挿入するかしないか、に現われることになるが、その点は後に論じよう。

　さて、この考え方によって、私がコウモリだったらどんなであるか、と、コウモリ自身にとってコウモリであることがどんなことか、という二つの解釈のあいだの隔たりは解消されたことになる。コウモリ自身にとってコウモリであることがどんなことか、とは、すなわち、上で述べた意味での「私」がコウモリであったら＝コウモリが上で述べた意味での「私」であったら、どんなであるか、という意味であって、それ以外ではありえないからである。「コウモリ自身」とは、じつはそういう意味なのである。

　しかし、それならばなぜ、それは「コウモリ自身」と考えられているのであろうか。さらに一歩探究を進めてみよう。それが「コウモリ自身」と見えるのは、そのコウモリ自身以外の視点からである。しかし、ここではそんな「視点」は存在しないはずではないか？　なにしろ一匹のコウモリの独我論が実現している状況が想定されているのだから。どうしてそれが「視点」として自覚（反省）されることがありえようか。しかし、そのような状況が想定されているとは、すなわち、他の状況（たとえばコウモリでなく一匹の猫の独我論が実現している状況）もまた可能なものとして、しかも他の視点（すなわちコウモリでない現実の私の視点）から想定可能なものとして、それが想定されているということである。つまりここには、「実現」しているこの「想定」という矛盾が内在しているわけである。言い換えれば、それは、われわれが対等に併存する世界の描像の内部に、上で述べたような独我論的描像が重ね描かれた——そういう矛盾を内に含んだ——描像である。つまり、独在的なあり方が非独在的観点から想定されているわけであるが、それは、より一般化していえば、絶対的な現実性が相対的な可能性の視点から想定されている、ということでもある。これが「コウモリ自身」の真の意味であり、一般に自己意識とか反省意識といわれるものの正体であろう。矛盾する二つの世界描像の重ね描きが、すなわち反省意識であり自己意識なのであって、コウモリという個体の内部に「自己意識」や「反省作用」といったものが実在するわけではない。「コウモリ（自身）にとって」にあたる働きは、コウモリ自体の中にはない。

私の解するウィトゲンシュタイン的独我論者と私の解するネーゲルの対立は、ここに登場する「現実に」「本当に」「実際に」をどう解釈するかに、すなわちそれ自体を本質規定の内部に挿入するかしないかに現われると述べた。これはどういうことだろうか。その目から現実に世界を見ており、その身体を切られると本当に痛みを感じ、その身体だけを実際に動かせる、唯一の生き物が存在する。現実にそのように存在しているのは一つだけなのだが、だれもがそう言えるので、この事実は言語で語ることはできない。ここに独我論問題の真髄がある。必然的に独我論者である私は、他人が私と同じことを言いうる可能性をそもそも否定している。私だけが世界を見ており、痛みを感じている。つまり体験や意識がある。これは端的な事実であるから、私にとってはそうなのではない。この「とって」の否定はたまたまそうでもある付帯的な事実ではなく、そのことこそが問題の真髄そのものなのである。ところが、その同じ事実が他の存在者に成立している状況を想定する場合には、想定するということの本質からして、「とって」を外すことはできない。コウモリの体験はコウモリにとってあることとしかできず、安倍晋三の意識は安倍晋三にとってあることとしかできない。

いやそれどころか、「とって」さえ成立すればそれで体験や意識は自動的に成立していることにさえなる。そいつにとってどうであるのか、を想定することがすなわち、そいつの体験の存在を想定することになるからである。「とって」の否定こそが真髄であったにもかかわらず、「とって」の成立こそが真髄に変わるのである。この場合、「とって」とは、世界そのものが開かれる基点を仮想的に反転させる装置であり、他者とは、「とって」の挿入によって世界そのものが反転して成立した仮想的な私であろう。

富士山にとって富士山であることがどのようなことかを想定すると、そのことによって、その富士山は体験し意識をもつことになる。これはもちろん、富士山の独我論が成立している、ということである。富士山の目からだけ現実に世界が見えており、富士山の身体だけが切られると本当に痛く、富士山の身体だけを実際に動かせ、富士山のもつ記憶や予期や意図にだけ直接アクセスできる……（等々）。と、想定されているわけである。つまり、富士山自身にとってはそうである、と。富士山の独我論が成立している――とはいえ、ただ富士山にとって。独在的なあり方（「現実に」「実際に」……「だけ」）とその否定（「とって」によるその相対化）のあいだの矛盾は決して収束することがない。

そうはいっても、富士山と安倍（やコウモリ）では違いがあるのではないか、と思われるかもしれない。富士山の場合はまさしくそう想定されているだけだが、安倍（やコウモリ）の場合はそうではない（と少なくともみなされている）ではないか。安倍（やコウモリ）には「現実に」意識があるのに対して、富士山にはない。この差異は、現象学的に見れば、結局は「現実に」「実際に」「本当に」を恒常的に付与し続けるかどうかの違いにすぎないだろう。富士山にかんしては、富士山に「とって」はどうかと、あたかも意識があるかのように想定してみることができるだけである。のに対して、安倍やコウモリには、想定を超えて現実に意識がある――と想定している。これとて、そう想定し続けているというだけのことだが、しかし、安倍の場合はあちらからもこちらにそう想定し返されている（と想定できる）ので対等の関係が成立していると見ることが可能になる。「私」という語の成立がそれを保証する。

すると今度は、富士山と安倍（やコウモリ）の違いではなく、安倍とコウモリ（や富士山）の違いが問題になるだろう。この差異を説明するためには、もう一度、私自身の場合に戻って考え直してみなければならない。私自身の場合には「とって」の否定こそが事柄の真髄そのものである、と述べた。しかし実は、ことはそう簡単ではない。私がそのことを語り（考え）うるためには、私はすでにしてそれが私にとってのことである（としてのみ伝わる）ことを知っていなければならないからである。私は、「私」という語を使って考える以上、私自身にもまた（他者と同様）自己意識や反省意識があると認めなければならない。私は、「私の目からだけ現実に世界が見えており……等々」、と言ったあと、「私にとっては」と暗に付け加えているのでなければならない。たとえ明示的に付け加えなくても、「私」という公共言語が自ずとそれを付け加えているからである。そして、この事実が、「私の目からだけ現実に世界が見えており……等々」の「等々」のうちにそのきわめて重要な要素として——すなわち「現に自己意識が生じている」という形で——付け加わり、それを含めてそれらが他者に成立している、と想定されることになるわけである。その要素がすでに含まれているのが安倍の場合であり、そこまでは含まれていない（ただ想定作用によってのみ自ずと付加される）のがコウモリと富士山の場合である。かくして安倍は、私とまったく同様、「私」として自分を反省的に指すことになる。

　まとめていえば、与えることができないはずの「現実性」という性質を、事象内容に組み込んで与えてしまうのが、コウモリと安倍の場合であり、それをしない（し続けない）のが富士山の場合であり、その「現実性」を伴って付与される諸性質のうちに自己意識も含まれているのが、安倍の場合である。

9　私と世界をつなぐすべての出発点

W 自問せよ。痛い箇所を指すように要求されたとき、どこを指すべきかをどのようにして知るのだろうか、と。この種の指さしは「この紙の上の黒い点を指せ」と言われて紙の上の黒い点を指すのと同じことなのだろうか。「あなたは指すまえから痛みがそこにあることを知っていたからその場所を指すわけだ」とだれかに言われたなら、「痛みがそこにあることを知っ、て、い、るとは何を意味するのか」と、自問せよ。「そこ」という語はある場所を指示する――だが、どういう空間での場所なのか、つまり、どういう意味での「場所」なのか。われわれは痛みの場所をユークリッド空間の中で知っているのだろうか、とすれば、どこに痛みを感じるかを知っているとき、それがこの部屋の壁と床からどのくらいの距離にあるかを知っているのであろうか。指先が痛いとき、その指先で歯に触れたら、私の痛みは今や歯痛でもあれば指の痛みでもあることになるのか。たしかに、ある一つの意味では、その痛みは歯の場所にあるとは言える。それでも歯が痛いと言うのが誤りであるのは、痛みが歯にあるためにはそれが指先から十六分の一インチ離れていなければならないからなのか。「どこに」という語は多くの異なる意味で場所を指示できることを忘れてはならない。(互いに似ていたり似ていなかったりする多くの異なる文法的ゲームが、この語でなされている。「1」という数字の異なる使い方を考えてみよ。) 物がどこにあるかを知っていて、その知識によってその物を指すこともありうる。その知識がどこを指すべきかを教えてくれるわけである。この場合には、この知識はその物を意図的に指すための条件とみなされている。それゆえ、こう言うことができる。「あなたが言っている箇所は、私に見えるので、指せます」「それがどこであるか知っているので、あなたをそこの場所へ案内できます。まず右に曲り、……」。ここで、人はこう言いたくなる、「ある物を指す前に、それがどこにあるかを知っていなければならない」、と。もしかすると、「ある物に目を向ける前に、それがどこにあるかを知っていなければならない」と言うのは、それほど適切とは感じられないかもしれない。もちろん、そう言うことが正しい場合もある。しかし、われわれはえてして、場所の知識という特定の心理的な状態あるいは出来事があって、それが何かを指したりその方向へ動いたりするすべての意図的行為に先立たねばならぬ、と考えたくなる傾向がある。「命令を理解した後にのみ、それに従うことができる」という、これに類似したケースを考えてみよ。

私が腕の痛い場所を指すとき、指す前にどこが痛いかを知っていた、とどういう意味で言えるのか。指す前に、「痛みは私の左腕にある」と言うこともできたであろう。私の腕が番号つきの線の網目で覆われ、その表面のどこでもそれを使って指示できるようになっているとしよう。私は、痛い場所を指す以前に、この座標を使ってその場所を記述することもできたのでなければならないのか。私の言いたいことは、指す行為が痛みの場所を決定するということである。ところで、この指す行為は、触診によって痛い場所を探り当てる行為と混同されてはならない。実際、この二つの行為の結果が異なることもありうる。　（原49　全95　文116　黒83）

N　ここで論じられていることは、後に弟子のアンスコムが注目した「観察によらない知識」の問題につながっている。われわれは自分自身がどういう姿勢をしているかを真っ暗闇の中でも（つまり観察によらずに）知ることができるし、自分が何を言おうとしているかをその発言を聞かなくとも（つまり観察によらずに）知ることができる。これらと同様に、自分の痛みの場所もそれがどこにあるかを視覚によって客観的空間の中に位置づけることなしに（つまり観察によらずに）知ることができ

ることができる。（ただし、アンスコム自身ならば痛みの場所の知識のようなものは「観察によらない知識」の範疇には入れないかもしれないが、それはまた別の瑣末な論点なのでここでは触れない。）

ここで、ウィトゲンシュタイン・アンスコムとは逆の問題を感じるのが当然ではあるまいか。すなわち、視覚はなぜ対象を客観的空間の中に位置づける力があるのか。そもそも、客観的なものとして知覚するという能力は何に由来するのか。どうしてそもそも「観察による知識」などというものが可能なのか。観察による知識は、観察によって物の客観的なあり方を知るので、当然、見まちがいということも起こりうるし、観点によって同じものの見え方が変わったりもする。それは当然、自分自身が（ありうる多数の観点のうちの）ある一つの観点に立っている（がゆえに対象はそう現われている）ということをすでにして知っているような見方である。したがって、複数個存在する主観性のうちの一つとして自己自身の存在を理解するような見方である。われわれはなぜそんな見方ができるのだろうか（こういう問いにおいて、すでにして「われわれは」と言ってしまうのは論点先取なのだが、そんなことにさえ気づかないほどに）。

自分の痛みが存在する場所を、「部屋の壁と床からどのくらいの距離にあるかを知っている」という意味で知っているときには、自他に共通の尺度の存在が前提になっている。それは何に由来するのだろうか。主観的なものと客観的なものとのこの結合はいかにしてなされるのか（「指す行為が痛みの場所を決定する」とは、この結合を意味している）。これは一筋縄ではいかない複雑な問題だが、その根底にはウィトゲンシュタインが論じていないある根源的な事実がある。他人自身の私的体験はそもそもありえないが他人の体にいおいて私が何かを体験する（他人の身体に私が私的体験を持つ）ことはじゅうぶんありうることだという「私的体験」についての（ウィトゲンシュタインが論じている）考え方を、私は、「私的体験」を超えて「私であること」そのものに置き換えた場合を考えてみたが、この根源的事実はこの思考転換に対応している。

それは、世界に多数存在する身体のうち、なぜか一つが私の身体であるというきわめて特殊なあり方をしており、どれがそれであるかを、私は観察によらずに知っている、という事実である。この「受肉の秘義」とでも称されるべき事実こそがすべての出発点である。ところで、これが「観察によらない知識」である理由は、別の観点からはこの「受肉」が誤りである可能性があるからである。われわれは自分がどんな姿勢をしているかを真っ暗闇の中でも知りうるとはいえ、それが間違っている可能性はある。組んでいるつもりの脚が客観的には組まれていない可能性はあるのだ。また、われわれは自分が何を言おうとしているかをその発言を聞くことなしに知りうるとはいえ、自分が言っているつもりのことが実際に言われてはいないことも（意図された音声が出ていない場合と意図された意味になっていない場合の双方にかんして）ありうる。同様に、身体は客観的な物体であるから、ある特定の身体が私の身体であると思っていても、じつはそうではなく、見えている風景はじつはこの目からのものではなく、殴られると痛く、自由に動かしうる身体はじつはこの（目で見てそれだと思っている）身体ではない可能性は、外部からの基準を導入すれば、ありうるのだ。これに対して、決してありえないのは、この体験が私の体験でない可能性である。誤りえないことに「知」を帰属させるのを拒否するウィトゲンシュタインの方針が最もよくあてはまるのはこの場合で、「私はこの体験が私の体験であることを知っている」というのは確かに奇妙な発言である。

しかし、それにもかかわらず、すでに述べたように、世界の中にあるある一つの特定の身体が私の身体であるという偶然的な事実は、私と世界をいわば奇跡的に繋いでいる、決して疑われることのない、決定的に重要な「すべての出発点」なのである。そしてここから、驚くべき二つのことが実現していて、それらがパラドクシカルな仕方で統一されている。第一に、事実としてすべてはその私の（である）身体に対して実現しており（つまり、それに感じられるもの以外は何も感じることができず）、その外には何もない。第二にしかし、その世界は私に対するその現われとは独立に（その外に）客観的に存在して（いるという意味を持って）おり、その世界の内部には同型の身体が多数存在していて、いま述べた私の身体はそのうちの一つであるにすぎないとされている。したがって第三に、事実としてなぜか、すべてはその一つの身体に対してのみ実現しており、それ以外には何も存在していない。という仕方で第一に戻り、以下同様。このパラドクシカルな構造を支えている原点に、まさに「観察によらない知識」があるわけである。

　この事態から出発して考えれば、私の観察によらない知識と他人の観察によらない知識をはじめから同一視しているウィトゲンシュタインのこの議論はナイーヴにすぎる。痛みが自分の身体の外にある可能性をめぐるこの議論は、なぜ他人にも（他人の「自分」にも）当てはまるのか、それこそがまずは問われるべき問いなのである。（この問題は**29**では「同定に基づかない自己知」の問題として再論される。）

10 「自分の感覚を記述するのに回り道をせざるをえない」

W だれかが他人の身体に、あるいはたとえば家具に、あるいは何もない場所に、痛みを感じている、と言われて当然であるようなケースが、無数にさまざまに考えられる。もちろん、われわれの身体の特定の部分に、たとえば上の歯にある痛みは、特有の触覚や運動感覚に取り囲まれていることを忘れてはならない。手を少しだけ上に動かすと目に触れる、という場合、「少しだけ」という語は、触覚的距離または運動感覚的距離、またはその両方を指している。（触覚的距離と運動感覚的距離とが通常とは異なる仕方で相関しているのを想像することは容易である。指を口から目まで動かしたとき、口から目までの距離は「腕の筋肉には」きわめて大きく感じられる、ということがありえよう。歯医者があなたの歯に穴をあけて中をいじくっているとき、歯の穴がどんなに大きく感じられるか、を考えてみよ。）

手を少しだけ上に動かすと目に触れると言ったとき、私は触覚的証拠だけを参照していた。つまり、私の指が目に触れたことの基準は、たとえそのことの視覚的証拠が何もなくとも、またたとえ鏡を覗き込むと指が目でなくたとえば額に触れているのが見えたとしても、ともあれ、私に「自分の目に触れている」と言わせたであろうような特定の感じが私にあった、ということだけであらねばならなかった。先の「少しだけ」が触覚的あるいは運動感覚的な距離であったように、「それらは少しだけ離れている」と言った際の二つの場所もまた触覚的場所であった。この場合、触覚的・運動感覚的空間の中で私の指が歯から目まで動くと言うことは、われわれが「私の指が歯から目まで動く」と言うときに通常感じる触覚的・運動感覚的体験をいま私が感じている、ということを意味している。しかし、われわれが「私の指が歯から目まで動く」というこの命題の証拠とみなしているものは、だれでも知っているように、決して触覚的・運動感覚的な証拠だけではない。実際、そういう触覚的・運動感覚的感覚が私に起こっていたとしても、私は私に見えたことのゆえに「私の指が……動く」という命題を否定することがありえよう。否定されるその命題は物的対象についての命題である。（そしてここで、「物的対象」という表現を、一つの種類の対象を別の種類の対象から区別するための表現だと考えてはならない。）物的対象についての命題と呼ばれるものの文法では、それぞれの命題ごとに種々さまざまな証拠が許容される。「私の指が……動く」という命題の文法を特徴づけているのは、「私にはその指が動くのが見える」「私はその指が動くのを感じる」「彼にはその指が動くのが見える」「彼は私にその指が動いていると言う」等々の命題を、私がそれの証拠とみなしているということである。さて、私が「私には私の手が動くのが見える」と言う場合、このことは、一見したところでは、私が「私の手が動く」という命題に同意していることを前提しているように見える。しかし、もし私が「私には私の手が動くのが見える」という命題を「私の手が動く」という命題の諸証拠のうちの一つとみなしているなら、当然のことながら、後者が真であることは前者が真であることの前提になってはいない。そこで、「私には私の手が動くのが見える」の代わりに、「あたかも私の手が動いているかのように見える」という表現が提案されるかもしれない。しかし、この表現は、私の手は本当は動いていないのに動いているように見えるのかもしれないことを示してはくれるが、それでもなお、動いているように見えるためにはともあれ手が存在してはいなければならないと思わせるかもしれない。しかし実は、視覚的証拠を記述する命題は真であるのに、同時に、他の諸証拠によって、私は私には手がないと言わざるをえないような場合は、容易に想像できるであろう。通常の表現はこの事実を見えにくくしている。日常言語の難点は、たとえば触覚的体験を記述する場合に、言いたいことには目や指などが存在することは含まれていないのに、「目」や「指」などの物的対象を指す語を使わざるをえない、という点にある。われわれは自分の感覚を記述するのに回り道をせざるをえないわけである。もちろんだからといって、日常言語はこの特殊な目的のためには力不足だというわけではなく、ただ少しばかり煩わしく時には誤解を生むというにすぎない。日常言語がそんな風にできているのは、もちろん、感覚的諸体験のあいだに規則的な符合があるからである。たとえば、私が自分の腕が動いていると感じるとき、たいていの場合はそれが動いているのが見えもする。そして、手でその腕に触れれば、その手もまたその腕の動きを感じる、等々。（足を切断された人がある特定の痛みを感じると、それを足の痛みだと言う。）こういう場合に、「ある感覚が私の触覚的な頬から触覚的な目まで移動する」といったような表現に対する強い必要性が感じられるのである。このようなことを述べてきた理由は、痛みを取り囲む触覚や運動感覚の存在に気づくと、人が自分の歯以外の場所に歯痛を感じうると想像するのは難しいと思えてくるかもしれないからである。しかし、そういう想像をするとすれば、それは単に、視覚的、触覚的、運動感覚的、等々の諸体験のあいだに通常とは違った相関関係を想像するだけのことである。たとえば、歯痛の感覚とともに次のような触覚的・運動感覚的な体験をしている人を想像できる。そしてその触覚的・運動感覚的な体験は、通常であれば自分の手が自分の鼻から歯へ、そして目へ、等々へと動いてゆくのが見えるという視覚的体験と結びついているはずなのに、実際には他人の顔の上でそういう動きをしているのが見えるという視覚的体験と結びついているのである。また、次のような人も想像できる。手が動いている運動感覚と顔の上を指が動いている触覚とを持っているのだが、他方では指が膝の上を動いていると描写せざるをえないような運動感覚と視覚を持っている人である。歯痛の感覚とともに、手がその痛む歯や周辺の顔の部分に触れる場合に特徴的であるような触覚と運動感覚があるのに、他方では、その感覚とともに、その手がテーブルの縁に触れて、それに沿って動いているのが見えているとしたら、この体験をテーブルにある歯痛の体験と呼ぶべきか疑問に思うであろう。しかし他方で、この触覚と運動感覚が、自分の手が他人の歯や顔の部分に触れるのが見えるという視覚的体験と結びついていたなら、私がこの体験を「他人の歯にある歯痛」と呼ぶことは疑いえない。

他人の痛みを感じることは不可能だと主張する人は、それによって、ある人が他人の身体に痛みを感じることができることを否定したいわけではない、と私は言った。実際、彼はまた、「私は他人の歯に歯痛を感じることがありうる。しかし、彼の歯痛をではない」とも言ったであろう。

したがって、「Aには金歯がある」と「Aには歯痛がある」という二つの命題は、違う使われ方をする。それらは、一見したところでは違いがないように見えるかもしれないが、じつはその文法に違いがあるのだ。

（原50　全96　文118　黒85）

N　精彩に富んだ現象学的記述である。ていねいに注意深く読めば、言わんとするところを捉えるのはそんなに難しくはないであろう。興味深い論点は多いが、たとえば、「われわれは自分の感覚を記述するのに回り道をせざるをえない」という点。つまり、感覚的体験を記述する場合にそれを超えた物的対象を指す語を使わざるをえない、という点である。そうである理由は、通常は「感覚的諸体験のあいだに規則的な符合があるから」とされている。すなわち、この「符合」こそが「物的対象」なるものが想定される根拠であるということ、もっと強く言えば、この「符合」こそが「物」の正体だということになる。

ということはつまり、「物」（あるいは「物体」）とは「いたち」や「いらじ」のようなものだ、ということになるだろう。「いたち」とは、丸いものはすべて赤く、四角いものはすべて白い、……（そしてその逆でもある）というように形と色が連動している世界において、「まかい」（われわれから見れば、丸く赤い）ものや「しかろい」（われわれから見れば、四角く白い）もの、等々を総称する概念であり、「いらじ」とは、赤いものはすべて辛く、白いものはすべて甘い、……（そしてその逆でもある）というように色と味が連動している世界において、「あからい」（われわれから見れば、赤く辛い）ものや「しらまい」（われわれから見れば、白く甘い）もの、等々を総称する概念である。その世界における必然的連動という事実にもかかわらず、「いたち」を形と色という二要素に、「いらじ」を色と味という二要素に、それぞれ分解して考えてみることが可能であるのと同様に、われわれの世界においても、感覚間の通常の連動を分解することによって、「物」もまたそれを構成する諸性質に分解して考えてみることができる、ということになるだろう。

ところで、ここには多くの感覚が登場してきているように見えるが、実際には、痛覚、触覚、運動感覚、視覚の四種のみであり、符合もそれらのあいだに限られている。前のコメントで述べた「観察による」という点に注目するなら、このうちで視覚の果たす役割の特殊性にとくに注目すべきであろう。また、これら以外の感覚、たとえば聴覚、嗅覚、味覚、……がからむと事情はどう変わるかも興味深い。それらの組み合わせによって、いくらでも変てこなケースが考えられる。本文の諸事例における「痛み」をすべて「味」に変えてみるだけでも状況ははるかに変てこになるが、さらに変てこにしたければ、見える目のある身体、痛い歯のある身体、味を感じる口のある身体、音が聞こえる耳のある身体、話せる口のある身体、動かせる手のある身体、動かせる脚のある身体、……等々がすべて別の身体である場合を想像してみるとよい（もっとやりたければ、外界が見える歯、味を感じる尻、痛みを感じる椅子、動かせる脚のあるテーブル、……といった方向に広げていくのも面白い）。

ここには、ウィトゲンシュタインが論じていない重大な哲学的論点が隠れている。それは、このような変てこなケースの想定においても、それらの諸感覚が（ふつうとは違う仕方でではあっても）一つにまとめられているということである。これを伝統的な用語で「統覚」と呼ぶとしよう。さて、まず第一に、それらが一つにまとめられているとは、そもそも何がどうなっているということなのか。「統覚」とは何をどうするものなのか。そもそもそんな「働き」が必要だろうか。そして第二に、この角度からウィトゲンシュタインが論じている問題に接近するなら、統覚はいくつあると考えられるべきなのか。それは原理的に一つしかありえないものなのか。それは現に内側から捉えられているこの一つだけなのか。さらに第三に、もし複数個あるとしたら、統覚の数はどのようにして数えることができるのか。

これらはすべて大問題で、ここでことのついでに論じることができるようなものではない。関連する限りでのそれぞれの問題点だけ挙げておこう。まずは第三点から。

通常は統覚の数は人間（つまり人体）の数によって数えられている。それはまさしく「感覚的諸体験のあいだに規則的な符合」があって、それがさらに外から見られた身体とも一致しているからである。しかし、ここで想定されているようなその符合が崩れた状況では、この一致もなくなるから、もはや統覚の数を外から数えることはできない。言い換えれば、他人（というものが存在しうるとしてもそれ）が何人いるかは決して分からない、ということになる。（もちろん、われわれのこの世界だって、本当は分からないのではあるが。）

次に第二点。統覚の存在がそもそも外部からは捉えられないものであるならば、それは必然的に一つしかありえないことになるだろう。とはいえ、外部から捉えられないならば必然的に一つしかありえない、という前提そのものが理解しがたいと思う人もいるかもしれない。外部というものがなく、ただ複数の内部だけがある、ということも可能ではなかろうか、と。箱や缶詰のようなものを考えると、複数の内部が存在するためには必ず共通の外部が必要となる。しかしここでは、空間とその内部の物体という描像を前提にしてしまうわけにはいかない。統覚には共通の外部はなく、外部から俯瞰する視点というものもない。仮に複数の統覚が存在するとしても、すべて（他の統覚を含む）は一つの統覚の内部になければならない（缶詰のうちの一つは裏返っていて、すべてはその「内側」になければならない)。その意味では、統覚は必然的に一つなのである。そして、もしそうであるならば、そもそも「統覚」などという(つまり一つにまとめるなどという)「働き」は必要ないことになる。なぜなら、一つにとりまとめる働きなどなくとも、それはそもそも一つでしかありえないからである。森羅万象の総体としての宇宙は、たとえカオスであっても必然的に一つであるように。「まとめる」という働きはむしろ、その唯一の統覚(一つだけ裏返った缶詰)が、その内側から客観的(という意味を持った)世界を構成し、自分自身を他者と同型のものとしてその内部に位置づけるために必要とされるのではないか。すなわち、統覚は必然的に超越論的な統覚なのではないか。

これはもちろんすでにして第一点についての話である。諸感覚や可動性がばらばらな身体に分散している場合を想定して、それらはどのようにして一つにまとめられるかを考えた際に、まとめるにあたっては、記憶や意図のような、そのように分かれていることがそもそも想定できない心的機能が働いて、それらを結びつけなければならないだろう、と述べた。ここでさらに言えることは、その記憶や意図は、おのれを客観的世界の内部に位置づけて、位置づけられたその一つの自己に、それに起こったさまざまな出来事を帰属させる働きでもあらねばならない、ということであろう。そのときはじめて、一つにまとめるという働きが意味を持つのであろうが、それについて論じているとウィトゲンシュタインの議論からあまりにも離れてしまうので、いずれまた。

ところで、手が自分の痛む歯に触れている感覚があるのに、その手がテーブルの縁に触れているのが見えていたら、この体験をテーブルにある歯痛の体験と呼ぶかは疑問だが、その手がテーブルではなく他人の歯に触れているのが見えていたなら、その体験を「他人の歯にある歯痛」と呼ぶことは疑いえない、という議論は興味深い。

黒崎宏氏は『『青色本』読解』の八八ページの注6において、この箇所について次のように書いておられる。「歯痛に特徴的な触覚と筋感覚が、私の手が他人の歯とその人の顔の歯の廻りの部分に触れるのを見る、という視覚経験と組み合わされるならば、その事によって私の歯痛の場所は「その人の歯」に決定されるのである。ウィトゲンシュタインが長々と論じてきた歯痛を巡る問題の背後に有る思想は、歯痛があるから、それに特徴的な、触覚、筋感覚、更には、視覚経験があるのではなく、逆に、それらの触覚、筋感覚、視覚経験があるから、「歯痛がある」と言えるのだ、という事なのである。或る人が、いくら「歯痛がある」と言い張っても、それに特徴的な触覚、筋感覚、視覚経験が伴わないならば、誰も「彼には歯痛がある」とは言わないであろうし、また、そう言ってはならないのである。」

ことがらそのものに即して考えれば、これは明らかに間違っているだろう。いくらそれに特徴的な触覚、筋感覚、視覚経験があっても、もし歯痛そのものがなければ、「歯痛がある」といえるわけがない。だって、歯痛がないのだから。逆に、歯痛がありさえすれば、それに特徴的な触覚、筋感覚、視覚経験など何も伴わなくとも、「歯痛がある」といえる。だって、歯痛があるのだから。これはまったく自明なことにすぎない。また、この箇所の解釈としても、これは黒崎氏の解する公式的な「後期ウィトゲンシュタイン哲学」のイデオロギーを個別の議論の上にかぶせたもので、全面的に的はずれといわざるをえない。もし黒崎氏の解釈が正しければ、私の手がテーブルの縁に触れるのが見える場合には、なぜ私の歯痛の場所は「そのテーブルの縁」に決定されないのであろうか。ここにあるのは、「背後に有る思想」によっては理解できない事柄そのものの観察である。哲学書の記述から思想を読み取るべきではなく、事柄そのものを学び取るべきであろう。

さて、ではなぜ、他の事情はすべて同じでも、テーブルの場合はそう呼ばれそうもないのに、他人の身体の場合には「他人の歯にある歯痛」と呼ばれることが「疑いえない」ことになるのか。単純に考えれば、それはなんといってもそこに「歯」が存在するからであろう。しかし、ここにはもっと深い問題が隠されてはいないだろうか。**12**で登場する比喩をあらかじめ使うなら、このゲームにはゴールがないはずなのに、暗黙に前提されているゴールがここで顕在化するかもしれない。この場合、この「私」が独我論者であっても、つい「あなたも歯が痛くないですか？」と問うてみたくはならないだろうか。そんなことはありえないはずなのに。「あなた」は「あなた」であるがゆえに痛くもかゆくもないはずなのに。おそらく、この（こう聞きたくなるような）ある錯覚こそがわれわれの世界を成り立たせているのである。それがどう成立するかを明らかにすることこそが、私の課題である。

11　安倍晋三の目のまわりの黒あざの絵は実物の黒あざと照合できる

W

「想像する」という語の使用については——「もちろん、他人に痛みがあると想像するというまったく明確なひとつの行為がある」と言われるかもしれない。もちろん、それは否定しないし、事実については他のいかなる言明も否定しない。しかし、どうだろうか。他人の痛みのイメージを思い浮べるとき、たとえばだれかの目のまわりに黒あざができているのを想像するときにそのイメージを適用するのと同じ仕方でそのイメージを適用しているだろうか。ここでまた、普通の意味での想像を絵に描かれた像を作ることで置き換えてみよう。(これがある種の生き物が想像する場合のまさにその仕方だということは十分ありうる。) このやり方である人にAが目のまわりに黒あざができているのを想像してもらおう。その絵の非常に重要な使い方は、それを実物の目と比較照合してその絵が正しいかどうかを知ることであろう。だれかが痛みに苦しんでいるのをありありと想像するとき、そのイメージの中には、彼の痛みが感じられているとされたその箇所に対応する自分の体の箇所に感じられる、痛みの影とでも呼ばれうるものが入ってくることが多い。しかし、イメージが何かのイメージであることの意味は、それが実在と比較照合される仕方によって決定される。この比較照合の仕方を投影方法と呼んでもよかろう。さて、Aの歯痛のイメージが彼の歯痛そのものと比較照合される場合を考えてみよ。どのように比較照合したらよいのだろうか。彼の身体的振舞によって「間接的に」比較照合するのだと言うなら、私はこう答えよう。それは、彼の振舞の絵を彼の振舞と比較照合してはいるが、彼の歯痛の絵を彼の歯痛と比較照合してはい、な、い、と。

（原53　全100　文123　黒89）

N　安倍晋三が眼帯の下でじつは目のまわりに黒あざを作っているのを想像するとき、心の中での想像の代わりに実際にその絵を描いてみることができる。そして、その絵を現実の彼の顔と比較照合してその想像が正しいかどうかを確認することができる。だからこそ、それは彼の黒あざの想像なのである。しかし、彼が目の周辺に感じている痛みを想像するときには、それをそのような仕方で（絵によってでも代理可能な仕方で）想像することはできない。しかし、もし私が彼の痛みを想像したのであれば、それは何らかの仕方で彼の痛みそのものと比較照合されうるのでなければならないはずだ（そうでなければ、どうしてそもそも彼の痛みを想像したことになろうか）。にもかかわらず、それはできないのだ。しかしわれわれは、他人の体験や心的状態を想像することがよくあるだろう。そのとき、われわれはその体験の「影とでも呼ばれうるもの」を、自分自身のうちに持つかもしれない。しかし、それは彼のそれではない。さて、このとき「彼の」はどのようにして確保されるのだろうか。そもそもわれわれはどのようにして他人の心的状態や体験というものを理解しているのだろうか。

それを考える前に、「絵」という比喩のもつ意味に注意を促したい。通常の絵が問題であるなら、他人の痛みの絵のみならず、他人の声や臭いの絵も、他人の肌（を触ったとき）の感触や（なめたときの）味の絵も、もちろん描けない。しかし、ここで問題にされている意味での絵にかんしては、それらの絵は描けるのだ。したがって、他人の感じる痛みの絵は描けないが、（これまでさんざん論じられてきた）私が他人の身体に感じる痛みの絵は――痛みの絵であるにもかかわらず――描けるのである。この対比を見失わないでいただきたい。

さて、では、私は絵に描けない他人の心的状態をどのようにして想像しえているのであろうか。絵を描くこととの類比では理解できない種類の世界の捉え方がある、と考えるべきであろう。たとえば、われわれは安倍晋三が目のまわりに黒あざを作っている様子を想像することができるし、その絵を描くこともできる。そしてまた、安倍晋三が目のまわりに黒あざを作ったことも、安倍晋三が目のまわりに黒あざを作るであろうことも、想像できる。だがその絵を描くことは（すなわち過去と未来の差異を絵で表現することは）できない。それは絵に描きうるような種類の差異ではないからだ。安倍晋三が目のまわりに黒あざを作るかもしれないこと、等々、にかんしても同様である。安倍晋三が感じる痛みについても、それらと同様に考えるべきであろう。時制や様相の場合と同様のことが、人称にかんしても言えるからである。これらにかんして、絵の思想は、つまり実物との比較照合の仕方によって意味が決まるという思想は、捨てられねばならない。言語は絵ではない。言語においては、比較照合されるべき「実物」が言語によって初めて作り出される場合がある。

安倍晋三が目のまわりに黒あざを作ったことも、安倍晋三が目のまわりに黒あざを作るであろうことも、その時の現在において起こることである。安倍晋三が目のまわりに黒あざを作る可能性は、その場合の現実において、である。そして、安倍晋三の痛みは、彼の私において、である。その時の現在とは現在でない現在であり、その場合の現実とは現実でない現実であり、彼の私とは私でない私である。これらの場合、われわれは絵に描けない（実物との比較照合ができない）事態について語っている。

この観点から見ると、独我論とは絵に描けることのみを存在すると認める世界観のことだといえる。ただし、このことを一般論として語ってしまえば、絵の思想の独我論的なポイントは失われる。絵は現に一つしか描けない。これが絶対的な出発点である。次のポイントは、他者の描く絵の絵は描けないということ。絵の絵を描くこと自体は、内部に額縁で囲まれた部分がある絵を描けばよいのだから、いくらでもできるが、そのことによってはそれが絵の絵であることを描くことはできていない。どうすればそれができるのか。あくまでもこの比喩に乗っかって言うなら、唯一の絵である私の絵にあらかじめ額縁を描くことによってであろう（通常使われている「私」という第一人称代名詞はすでにその機能を果たしている）。そのことによって初めて、この話は「絵」という一般的な比喩で語りうるものになる。とはいえ、そのことによって絵は現実にはただ一つしかないという事実自体が消滅するわけではない。

12「このゲームにゴールはない」

W ふたたび、もしあなたが「Aに痛みが生じているとき、われわれはそれを知ることができない、ということは認めよう。われわれはそれを推測できるだけである」と言うなら、あなたは「推測する」という語と「知る」という語の異なる使い方に隠れている困難がわかっていない。あなたが「知ることができない」と言ったとき、どういう種類の不可能性を考えていたのか。他人の口の中に金歯があるかどうか、その人が口を閉じているので知ることができない、という場合に類比的なことを考えていたのではないか。この場合には、実際には知らないそのことを、にもかかわらず知っていると想像することはできる。実際にはその歯が見えていなくとも、それが見えると言うことに意味はある。あるいはむしろ、その歯は見えないと言うことに意味があるがゆえに、それが見えると言うことにもまた意味がある。これに対して、他人に痛みがあるかどうかを知ることはできないとあなたが認めたとき、あなたは事実問題として人々は知っていないと言いたかったのではなく、知っているということには意味がない（したがって、知っていないと言うことにもまた意味がない）と言いたかったのである。したがって、もしこの場合にあなたが「推測する」や「信じる」といった語を使うならば、あなたはそれらを「知る」に対立する語としては使っていないことになる。すなわちあなたは、知ることはわれわれには到達できないゴールであって、われわれは推測することで満足しなければならない、と言ってはいないのだ。このゲームにゴールはない。「われわれは自然数列全体を数えあげることはできない」と言うとき、人間の意志の弱さについて語っているのではなく、われわれが作った規則について語っているのとちょうど同じように。この言明は「人間には大西洋を泳いで横断することは不可能である」というような命題と——常に誤って同類と見なされるが——同類ではない。それはむしろ「持久走にはゴールがない」のような言

上学的」と形容してしまうのは粗雑にすぎることを示唆しているだろう。形而上学的に見えるには違いないが、そう見える根拠は特殊である。その根拠は、後に登場する独我論者の「私の体験だけが実在(リアル)する」という主張に現われるある特殊な事実にあるからである。

私と他人が身体のある部分を共有したと想定する代わりに、今の私と異時点の私が人生のある部分を共有したと想定してみよう。そのとき、その部分の手が蜂に刺されるとする。両時点の私はともに叫び、顔をゆがめ、その痛みについて同じ記述を与える、等々。このとき、われわれは同じ痛みを感じたと言うべきか、違う痛みを感じたと言うべきか。このような場合に、もし私が「われわれは痛みを同じ場所、同じ身体に感じ、われわれの痛みの記述もぴったり一致するが、とはいえやはり、今の痛みはあの時の痛みではありえない」と言うとすれば、おそらくその理由として私は「なぜなら、今の痛みは今の痛みで、あの時の痛みはあの時の痛みだから」と言いたくなる。さて、ここで私は「同じ痛み」というような句の使い方についての文法的言明をおこなっているのであろうか。たしかに私は「あの時、今の痛みを感じた」とか「時間を隔てて同じ痛みを感じる」という句を使いたがらず、かわりにひょっとすると「あの時の痛みは今の痛みとよく似ている」のような句を使うだろうけれど。

この問題を考えるとき、二つの時点の片方は今（現在）である必要がないだろうか。その事実によってのみ、この二つの痛みは分離されて二つになるのではないだろうか。いま感じていない痛みはいま現に感じているこの痛みと同じではありえないからである。一方は実在(リアル)し、他方は実在(リアル)しないという理由によって。もしたとえば、両方とも過去の痛みなら——つまり両者が対等に実在(リアル)しないなら——それらはじつは同一であると考えて悪い理由はないだろう。とはいえ、こうも考えられるかもしれない。両方とも過去であっても、それらのあいだに時間的な前後関係はあるわけだから、一方が今（現在）で他方がそうでない時があったはずである。そのこと——現にこの今（現在）において成立しているわけではないそのこと——を考慮に入れるなら、その二つの痛みは、いま現に感じているこの痛みといま現に感じていない痛みと同様に、同じものではありえなくなる。実在性(リアリティ)が観念化されるわけである。

同じことをふたたび私と他人に置き戻して考えてみよう。この問題を考えるとき、二人の人の片方は私である必要があるだろう。ただその事実によってのみ、この二つの痛みは絶対的に分離されて二つになる。私が感じていない痛みが、私が感じているこの痛みと同じであることはありえないからである。一方は実在(リアル)し、他方は実在(リアル)しないという理由によって。もしたとえば、両方がともに他人の痛みなら——つまり両者がその意味で対等に実在しないなら――それらがじつは同一であると想定してみることに決定的な困難はないだろう。だがしかし、こうも考えられるかもしれない。両方とも他人の痛みであっても、彼らが二人の別の人間である（二つの別の統覚に服している）ならば、一方が「私」である視点からは他方はそうでない（他人である）と考えざるをえない。そのこと――現にこの私において成立しているわけではないそのこと――を考慮に入れるならば、その二つの痛みは、現に私が感じているこの痛みと私が感じていない痛みと同様に、同じものではありえなくなる。この場合も、実在性が観念化されるわけである。

このとき、私が「同じ痛み」というような句の使い方についての「文法的言明」をおこなっていると――他の文法的言明と一括して――言うのも、また粗雑すぎる言い方ではないだろうか。文法として現われるには違いないが、その理由は特殊である。その根源には後に登場する独我論者の「私の体験だけが実在する」という主張に現われるある特殊な事実にあるからである。

14　二冊の本は同じ色であることができない

W　「この二冊の本は同じ色である」という言い方をわれわれはするが、しかし「なんといっても、この本はそれ自身の色で、もう一方の本もそれ自身の色なのだから、やはりそれらが同じ色であることはありえない」と言っても全然かまわない。そう言ったとすれば、それもまたある文法規則を――たまたま日常の用法とは一致していない規則を――述べていることになる。そもそもなぜこの二種類の違う用法について考えることになるのかといえば、物体の場合にわれわれは「これは私が一時間前に見たのと同じ椅子だ」と「同じ椅子ではないがまったくそっくりな椅子だ」とを区別するが、感覚与件の場合もそれと類比的に捉えるからである。物体の場合には、「Aはロンドンにいて、Bはケンブリッジにいたのだから、同じ椅子を見ることができたはずはない。だから、そっくりな椅子を見たのだ」と言うことに意味があり、それは経験命題である。（ここで「これらのものの同一性」と呼ばれるもののさまざまな基準を考えてみると役に立つ。「これは……と同じ日だ」「これは……と同じ語だ」「これは……と同じ出来事だ」、等々の言明をわれわれはどのように使っているか。）

（原55　全103　文128　黒92）

N　もちろん「なんといっても、この本はそれ自身の色で、もう一方の本もそれ自身の色なのだから、やはりそれらが同じ色であることはありえない」と言っても全然かまわない。そういう任意の文法規則の設定が問題なら、それはもちろんいかようにもできる。だが、たとえば、私と他の人が同じ色見本を前にして、私が「なんといっても、私は私自身に見える色を見ており、彼は彼自身に見える色を見ているのだから、やはりそれらが同じ色であることはありえない」と言うとき、任意の文法規則の設定を要求しているわけではないだろう。私は、そういう言い方でしか語れないある事実について語ろうとしている。なにしろ、他の人の見ている色はじつは見えないのだから。ところが、この根源的な差異を語ろうとすると、そこはあたかも「なんといっても、この本はそれ自身の色で、もう一方の本もそれ自身の色なのだから、やはりそれらが同じ色であることはありえない」と主張するのと同じ種類の任意の文法規則設定の要求に読み換えられるのである。そのことの不可避性こそが問題なのである。

15　私が痛いとき私はそれを知っている

W

これらの議論においてわれわれがしてきたことは、形而上学的命題の中で「できる」という語に出合ったときにわれわれがいつもしていることである。すなわち、われわれは形而上学的命題が文法規則を隠していることを示すのである。つまり、形而上学的命題と経験命題の外見上の類似性を破壊し、形而上学者のある渇望――それはわれわれの日常言語では満たされず、満たされないかぎり形而上学的困惑を生み出しつづける――を満たす表現形式を見出そうとするのである。ふたたび、形而上学的な意味で、私が「私に痛みがあるとき、私はつねにそれを知っていなければならない」と言うとき、この「知る」という語は何の仕事もしておらず、「私は自分が痛いことを知っている」と言う代わりに単に「私は痛い」と言えるのである。次のような場合には、もちろん事情が違ってくる――痛みを感じているのにそれを知らない場合の経験的基準を定めることによって、「無意識的な痛み」という句に意味を与え、そのうえで、自分の知らない痛みを感じた人は経験的事実として未だかつて存在

しない、と（それが真であれ偽であれ）言う場合である。（原55　全103　文128　黒93）

N　冒頭の文は、以前に論じられた、「私は他人の痛みを感じることができない」という形而上学的命題と「われわれは他人の歯に痛みを感じることができない」という経験的命題の混同を念頭においている。もちろん、ウィトゲンシュタインは前者を文法規則に回収しようとしている。

ところで、「私に痛みがあるとき、私はつねにそれを知っていなければならない」と言うとき、この「知る」という語は何の仕事もしていないのだろうか。この言明は、通常は、「他人に痛みがあるとき、私はつねにそれを知っているとはかぎらない」との対比で言われているであろうから、明確な仕事をしているのではあるまいか。それが何の仕事もしないのは、ウィトゲンシュタイン自身が想定している独我論者の場合だけではないか。この独我論者は、そもそも「他人に痛みがあるとき」を想定できないのだから、それとの対比において自分の痛みを語ることができない。したがって、当然、自分の場合にのみ成立する痛みの知について語ることはできない。だが、この独我論者以外の通常の場合にはそんなことはないのだから、自分の場合にのみ成立する痛みの知について語ることができるはずであろう。

この場合の「私は自分が痛いことを知っている」を「私は痛い」に言い換えることはできない。そんな言い換えをしてしまえば、「私が痛いとき、私は自分が痛いことを知っている」は、「私が痛いとき、私は痛い」になってしまい、これは同語反復なので、「彼が痛いとき、彼は痛い」と同じことになってしまい、最初に言いたかった対比は言えなくなってしまうからである。

また、「痛みを感じているのにそれを知らない場合の経験的基準を定めることによって、「無意識的な痛み」という句に意味を与え、そのうえで、自分の知らない痛みを感じた人は経験的事実として未だかつて存在しない、と言う」ような場合にはそう言ってよいのだ、と言われているが、この言い方においてすでに「痛みを感じているのにそれを知らない場合の経験的基準を……」と言われており、通常は「痛みを感じていればそれを知っている」ことが（そしてそういう言い方をすることが）前提されている。そうせざるをえないはずである。

16　私は彼の痛みを文法的に感じることができない

明と同類なのである。そしてこのことが、「われわれは……を知ることはできないとはいえ……を推測することならできる」という説明に満足しない人がぼんやり感じていることの一つなのである。

（原53　全100　文124　黒89）

N

この段落の前半の洞察は尊重に値するが、後半（というか最後の数行）の類比には懐疑の目を向けるべきであろう。この言明は「持久走にはゴールがない」のような言明と――常に誤って同類と見なされるが――同類ではない、ともまた言われねばならない。つまりここには、人間の能力の限界ゆえにできないこととわれわれが作った規則の規定ゆえにできないことの対比だけでは片付けられない問題があるはずなのだ。なぜなら、たしかにこのゲームにはゴールがないにもかかわらず、持久走や自然数列の場合とは違って、一緒にその同じゲームに参加している他のプレイヤーたちは、それぞれまさにそのゴール（に相当する場所）から出発してこの同じゲームに参加している、と想定されているからである。その意味では、このゲームにはルール上ないはずのゴールの存在が暗に前提されているのだ。なぜ、そんな矛盾したありかたが可能なのか？　ここがロードス島なのだ。ウィトゲンシュタインは明らかにここで跳んでいない。

13　私と他人が身体の部分を共有した場合

W　風邪を引いているのに寒い日に外出しようとしている人に腹を立てて、「風邪で苦しむのは私ではなくてあなたなんですよ」というようなことを言う場合がある。これは「あなたが風邪で苦しんでも、私は苦しく感じない」という意味でありうる。これは経験によって教えられた命題である。というのは、二人の身体が一種の無線回路でつながれていて、一人が頭を寒風にさらすと、もう一人が頭痛を感じるようになっている、ということも想像可能だからである。その場合、その痛みは私の頭に感じられるのだから私の痛みだ、と論じられるかもしれない。しかし、私とだれか他の人が身体のある部分を、たとえば手を共有したと想定してみよ。私の腕の神経や腱とAの腕の神経や腱が手術によってこの手に接合されたと想像せよ。その手が蜂に刺されたと想像せよ。二人とも叫び、顔をゆがめ、その痛みについて同じ記述を与える、等々。このとき、われわれは同じ痛みを感じたと言うべきか、それとも違う痛みを感じたと言うべきか。このような場合に、もしあなたが「われわれは痛みを同じ場め、一方ではある表現形式を使わないと決めておきながら、他方ではその形式を使うように強く誘惑されるからである。われわれは、「それらの色が同じ場所にある」という句を使わないことに決めたのだが、他方では、他の句との類比を通じて、この句を是非とも使いたくなり、その結果、ある意味で、力ずくでそれを追い出さなければならなくなるのだ。こういうわけで、われわれはある全称的に偽である命題を否定しているかのように見えるのである。われわれは、二つの色が互いにはじき出し合っている像や、他人の体験に振舞の観察を越えては近づけないようにしている壁の像を、思い描く。しかし、よく見れば、われわれが描いたこの像は使えないことがわかる。

（原55　全104　文129　黒93）

N まず、「私は彼の痛みを感じることができない」と「青色と緑色は同時に同じ場所にあることができない」は、本当に「類似のケース」であろうか。かりにそうだとして、次に、それらは「この（一八インチの）ベンチに三人が並んですわることはできない」にではなく、「一八インチのものが三つ並んだら三フィート［＝三六インチ］」には収まらない」と同類の「文法規則」で、「論理的不可能性」を述べているのだろうか。

W　「私は彼の痛みを感じることができない」と言うとき、乗り越え不可能な壁の観念が頭に浮かぶ。まずは「青色と緑色は同時に同じ場所にあることができない」という類似のケースについて考えてみよう。この場合、頭に浮かぶ物理的不可能性の像は、壁の像ではないかもしれない。むしろ、この二つの色が互いにはじき出し合っているように感じられる。この観念の起源は何か。——このベンチに三人が並んですわることはできない、それには狭すぎる、とわれわれは言う。さてしかし、色のケースはこれと類比的ではないのだ。そうではなく、むしろある意味で「一八インチのものが三つ並んだら三フィート〔＝三六インチ〕には収まらない」と言う場合に似ているのである。こちらは文法規則であり、論理的不可能性を述べている。これに対して、「三フィートのベンチに三人が並んですわることはできない」という命題は物理的不可能性を述べており、この例は、なぜ二種の不可能性が混同されるのかを明確に示している。（「彼は私より六インチ背が高い」という命題と「六フィートは五フィート六インチより六インチ長い」という命題とを比較せよ。二つの命題はまったく種類が違うのだが、そっくりに見える。）これらの場合になぜ物理的不可能性の観念がわれわれの頭に浮かぶのかといえば、(a)その表現形式は問題なく英語、ドイツ語、等々に聞こえるし、(b)言語の他の領域ではそっくりの表現形式が使われてもいるたこれらの中でかなり問題なく「文法規則」とも呼べそうなのは「一八インチのものが三つ並んだら三フィート［＝三六インチ］には収まらない」、もっと抽象化して「18×3＞36」だけであろう。これは、世界の実際のありさまについて述べているのではなく、世界のありさまは（どうなっていようと）この規則に従って記述されねばならない、と述べているとみなしうるからである。とすれば、一八インチのものが三つ並ぶと真ん中の一つが縮んで消滅する（という物理法則が成立している）世界でも、やはり18×3＞36であり、一八インチのものがもし三つ並んだら三フィート［＝三六インチ］には収まらないことに変わりはないことになる。これに対して、「この（一八インチの）ベンチに三人が並んですわることはできない」の方は、この世界において、三人の人が並んでも真ん中の一人は縮んで消滅したりはしない、等々、といった物理的事実を前提にしたうえで、人間の通常の腰の幅にかんする事実を述べている、とみなすことができる。

さて、ではまず、「青色と緑色は同時に同じ場所にあることができない」はどうか。かりに何らかの事情で青色と緑色が同時に同じ場所にあるように見えるような出来事が起こったとしても、一八インチのものが三つ並ぶと真ん中の一つが縮んで消滅しても18×3＞36が反証されるわけではないことと類比的に、それを「青色と緑色は同時に同じ場所にあることができない」という文法規則の反証とはみなさない、と決めることはできる。しかし、そうしなければならない（あるいはそうすべき）強い理由があるとも思えない。

これを、空間の構造や物体表面の電磁波の反射の仕方や人間の感覚器官の特性に由来する事実を述べたものとみなすこともまた可能であろう。むしろ、純粋な規約のようにみなすほうに無理がないだろうか。

純粋な規約とみなしうるのは、たとえば文字であろう。青と緑が違う色であるのは純粋な規約とはいえないが、「A」と「B」が違う文字であるのは純粋な規約であるから、かりに何らかの事情で「A」とも「B」とも取れる文字を書く子どもが多発したとしても、一八インチのものが三つ並ぶと真ん中の一つが縮んで消滅しても18×3＞36が反証されるわけではないことよりももっと強力に、それを「A」と「B」が違う文字であるという規約の反証とはみなさないことができる。（細かい話だが「あ」と「い」の場合は少し事情が異なる。というのは、それらは表音文字で、「青」や「緑」の場合と同様、外部にある何か――この場合は音――を分類表記しているとみなしうるからである。数字もこの点では同様である。さらにもっと細かい話をすれば、「あ」や「い」が表記する音を単なる音声ではなく音韻とみなせば、それはふたたび規約であり、「あ」とも「い」とも取れる発音をする子どもが多発したとしても、それを「あ」と「い」が違う音であることの反証とはみなさないことができる。）また、逆に、「A」と「B」の区別をなくすことも、この文字そのものをなくすことも、任意にできる（現に日本語にはない）。

では、他人の痛みは感じられない（他人の体験は体験できない）という事実はどうだろうか。もちろん、感じられる場合もあるともいえる。私と他の人が手を共有していてその手が蜂に刺された場合、その痛みの感じについて二人の意見（言語描写）が一致すれば、二人は同じ痛みを感じた、すなわち私は彼の痛みを感じた、と言ってもかまわないだろう。しかしもし、そういう場合でもそうは言いたくない（逆に、あくまでも私は彼の痛みは感じられないと言いたい）とすれば、たしかにそれは「文法」についての主張をしている、といえなくはない。もちろん、あくまでも「私は彼の痛みは感じられない」と言いたくなる根拠は、実際にどうしても他人の感じている痛みが感じられないからなのだから、つまりそういう端的な事実を語りたいからなのだから、それを「文法」についての主張だと言われてしまうのは、言っている当人としては不満だろう。それでもそういえる理由は、このように主張する人は、現実に成立している状況についてだけでなく、たとえどんな状況が実現しても、それを「他人の痛みが感じられる」状況とは言わないであろうからである。現実の他人の痛みが感じられないのではなく、いかなる可能な他人の痛みも感じられないのである。現実世界において成り立っているたまたまの事実としてではなく、いかなる可能的状況を想定しても必然的に、であるのだから、これは現実の他人にかんする主張ではなく、「他人」という語の意味にかんする「文法的」な主張である、ということになるわけである。

「一八インチのものが三つ並んだら三フィート［＝三六インチ］には収まらない」も、世界の実際のありさまについて述べているのではなかったが、あの場合には、一八インチのものが三つ並ぶと真ん中の一つが縮んで消滅する場合を想定することができた。だから、なぜ三つ並んでも真ん中の一つが縮んで消滅しないのだろうか、と（有意味に）驚くことができた。「私は彼の痛みを感じることができない」の場合、これにあたるのは、彼が痛いと言う箇所に私が手を触れてもなぜそこに痛みが感じられないのだろうか、であろう。これは（有意味に）驚くことができる。これに対して、（有意味に）驚くことができないのは、彼が痛いと言う箇所に私が手を触れてもなぜその痛みが感じられないのだろうか、である。なぜなら、私が他人の痛みを感じるということの意味が分からないからである。そういう可能性そのものを、「文法」が予めはじき出しているのである。

ところで、ここでこういう疑問をもつ人がいるかもしれない。意味が分からないのは「私が他人の痛みを感じる」ことではなく、そもそも「他人が痛みを感じる」ことそのものだったはずではないか、と。もちろん「他人が痛みを感じる」の意味が分からなければ「私が他人の痛みを感じる」の意味も分からないではあろう。そもそも「他人の痛み」の意味が分からないのだから。こちらは問題ない。だが、逆はどうか。「私が他人の痛みを感じる」の意味が分からなければ「他人が痛みを感じる」の意味も分からない、というわけではないだろう。他人は他人で痛みを感じているのではあろうが（他人がゾンビでじつは痛みを感じていない可能性はあるにしても、少なくとも他人が痛みを感じるということの意味は分かるが）、私が他人の感じているそれを感じるということの意味は分からない、という立場もじゅうぶん可能であろうから。そして、これがごくふつうの立場であろう。

ウィトゲンシュタインの場合、この二つの意味の分からなさは、検証によって意味を与えるという検証主義の理念によって直結している。それを前提にすれば、「他人が痛みを感じる」の意味が分からないのは「私が他人の痛みを感じる」の意味が分からないからである、といえることになる。この前提はもちろんおおいに問題であり、ウィトゲンシュタイン自身も（ここでの議論もその一つの契機となって）それを捨てることになる。しかし、私がここで注目したいのは、そのことの陰に隠れて見えにくくなっている別の問題である。すなわち、その「私」とはだれか、という問題。

他人の痛みを感じることができないことは、だれにとってもそういえることである。だれとだれを取っても、感じる主体の側、すなわち「私」は、感じられる客体の側、すなわち「他人」の、痛みを感じることができない。これは文法的真理である、とみなすことができる。いかなる「私」、いかなる「他人」を想定しても――現実に存在する人間や感覚能力を持つ生き物でなくとも――これはいえる、とみなしうるからである。しかし、このことを認めても、「他人が痛みを感じる」ことの意味は分からないことにはならない。いや、むしろ「他人の痛みを感じることはできない」とは、通常は「他人が感じている痛みを感じることはできない」という意味であろう。とすれば、他人自身は痛みを感じていることになる。さらに、より重要なのは、これを文法的真理として認めるということは、だれとだれを取っても、主体と想定された側は客体と想定された側の痛みを感じることができない、と認めることであるが、それはつまり、だれでも、主体として想定されさえすれば、自分自身の痛みは感じていることが前提されていることになる。主体として想定される者のほとんどは他人なのであるから、これはつまり、「他人が痛みを感じる」ことの意味が分かっていることが前提されることではないか。（もしここで独我論を貫徹するなら、主体として想定するとはすなわち、そいつが私である場合を想定することであると解釈することになるだろうが、そうなるとこれはもはや文法的真理ではなくなるだろう。）「他人が痛みを感じることはありえない（そもそもその意味が分からない）」のほうは、独我論に由来するものとみなすことができ、その場合、「私は他人の痛みが感じられない（そもそもその意味が分からない）」とは最初からまったく違うことを言っており、もちろん文法に還元することはできない。これは、だれにとってもそういえることではないからである。まさにそうした相対化の拒否こそが独我論の核のまた核である（これさえ捨てなければ俗に「独我論的」といわれる観念論的要素の多くは捨てることもできるが、逆に、これを捨ててしまえば独我論のすべては失われ観念論に同化してしまう）。だれとだれを取っても、感じる主体の側、すなわち「私」は、感じられる客体の側、すなわち「他人」の痛みを感じることができない、ということから、もし「他人が痛みを感じることはありえない（そもそもその意味が分からない）」が帰結するのであれば、それは独我論にとっては不幸な偶然にすぎない。しかし、幸いにして、前の段落で指摘したように、それは帰結しない。この立場において、他者を主体として、「私」として想定するとは、すなわち、私がそいつである（そいつが私である）場合を想定することであって、それ以外ではありえない（それ以外の意味が分からない）。しつこいようだが、なお誤解する人がいるかもしれないので繰り返しておけば、その際、もちろん他に私は存在しないが、その私は現在の私と少しも似ている必要はない（という意味での私である）。

以上の区別はきわめて重要で、どんなに強調してもしすぎることはないが、だからといって、その連関を考えないわけにはいかない。その際、まず確認しておくべきことは、他人の痛みが感じられないという場合の「はじき出され」は、「A」であることによって「B」であることからはじき出されるような、純粋な（任意に作られた）規約によるものではない、という点である。この規約を採用せざるをえない規約外の理由がなお探究されうるし、おそらくは探究されるべきなのである。（じつを言えば、色の場合はもちろん、数の場合でさえ、それはいえるに違いないのだが。）

これが文法の問題だとすれば、この「私」は可能的な「私」で、もちろん「他人」もそうであるから、当然、現実の他人どうしのあいだにも成り立つはずである。ところでしかし、すでに述べたように、現実に存在する他人たちどうしのあいだにこのような関係が、すなわち他人Aは他人Bの痛みが感じられないという関係が、成り立っているかどうかは、私には分からない。正確に言えば、私から見て他人であり相互に別人でもあるAとBが、彼ら相互においても他人どうしであるかどうかは、私には決して分からない。世界に、私と他人たち以外に、これと同じ種類の「私と他人」の関係が実在するかどうか、私は知ることができない。それでも、それが実在する場合を想定することはできるし、なぜかつねにそうしている！　なぜかつねにそうしているということは、たしかにじゅうぶん驚くべきことではあるが、いま問題にしたいのはそのことではなく、その前段階の、それが実在する場合を想定することはできる、のほうである。どうしてそんなことができるのだろうか。独我論の観点からいえば、それは（先に述べた意味で）私がその他人である場合を想定することであって、それ以外ではありえない。なぜそうなのかといえば、私というものはそもそも一つしかありえず、その唯一のものに現われている現われ以外のものはそもそも存在しないからであった。したがって、当然のことながら、他人の体験は存在しない。存在しうるとすれば、それが私の体験になった場合だけである。だが、この思考法では、どれほど想像力をたくましくしても、複数個の体験の（あるいは体験する主体の）共存という描像に到達することができない。ここから、一般に「他人の痛みは感じられない」という私秘性の共存の描像に到達するにはどうすればいいのだろうか。二つの描像の架橋こそがここでの課題である（根源的に断絶しているからこそ架橋が課題になることを決して忘れないように）。

じつを言えば、そこには二つの課題が、というか二つの方向からの課題が、ある。われわれはもうすでにあまりにも慣れて（慣らされて）しまって気づかなくなっているが、私秘性の共存とはじつに不思議な状況なのである。ここまでの議論の流れでは、共存のほうをどう構成するかが課題になっていたが、共存のほうを前提にすれば、逆にそこにどうやって一般的な私秘性（相互に体験不可能な諸体験の共存）を挿入するかが課題になるだろう。「論理的に越えられない壁」という描像は、もし純粋な規約でないとすれば、いったいどこから生じたのであろうか？

この議論は少々複雑な（というかじつは単純なのだがふつうのものの考え方と少し違っていてつかみにくい）ので、『青色本』について論じることを主題としている本書においては詳述することはできない。大雑把な見取り図だけで満足しなければならないが、ここでは、これまでの議論の流れを重視して、共存を構成する方向から論じよう。

相互的な私秘性（「私は他人の痛みが感じられない」）が文法に由来するとしても、

その根拠となる「私」や「他人」や「痛み」（あるいは「体験」「意識」等）といった語の意味はどこからやって来たのだろうか。まさか相互的な私秘性が成り立つようにいきなり任意に規約されたなんてことはないだろう。言葉の意味連関をそう取り決めたから、「私」は「他人」の「痛み」をどうしても「感じ」られなくなった、というわけではあるまい。規約をそう取り決めさせるもとになった、なんらかの世界の構造にかんする事実がある、と考えざるをえないだろう。そこで、ウィトゲンシュタインの場合とは病人と医師とが（あるいは病気とその治療とが）逆転することになるが、まずは独我論者がなんとかそれを語ろうとしていた独我論的事実とでも呼びうる事態が現実に存在するところから出発して規約の成立について考えよう。人間（「体験」を持つとされるもの）のうちの一つがなぜか私であり、すべてはじつはその私の体験としてしか存在しない、という事実が出発点である。

　他人の体験は実際に痛くも痒くもない。他人は私の体験内では身体や振舞としてしか登場しない。この事実の記述においても、「他人」等の語がすでに使われてはいるが、ここで言われている事実はその文法に基づくものではない。その証拠に、他人の使う「私」にかんしては、このようなことは成り立たない。これは世界のあり方にかんする事実なのである。このあり方が根本的に変化して、（たとえば）すべての生き物の体験が対等に体験されているというあり方を想像することはできない。それを想像しようとすると、すべての生き物の体験を対等に私が体験している（という対等でない）状況の想像になってしまうからである。この想定においても、「私」等の語がすでに使われているが、ここで述べられている不可能性は言語規約によるものではない。その証拠に、他人の使う「私」にかんしては、このような不可能性は成り立たない。

　これは事実であるから、そうでない場合も考えられる。それは私が存在しない場合である。その場合、すべての生き物の体験が対等に体験されている。ただし、私の死後や生まれる前では駄目であろう。それはいま生きている私の思考であるから、存在してしまった私がそう思考しているにすぎない。そうではなく、そもそも私が存在しない場合でなければならない。しかし、それとて現に存在している私の思考ではないか、と言われるかもしれない。もしそうであるなら、この事実に反する場合を考えることはできないことになる。これは特殊な種類の不可能性なのである。

　さて、そこで、私と安倍晋三で考える。私の痛みは痛く、安倍の痛みは痛くない。安倍にとっては痛いのだが私にはそれが感じられないということではなく、痛みそのものが端的に存在しない（私の場合は端的に存在する）。これが出発点である。「安倍にとっては痛いのだが私にはそれが感じられない」という描像は、所与ではなく、ここから出発して構成されるべき課題としてある。「痛み」を「体験」に一般化して言い直せば、私の体験は実在し、安倍の体験は実在しない。安倍にとっては実在するのだが私にとってはそうではないのではなく、端的に実在しない。「とって」という高度な装置はまだ発明されていない。この端的な場所こそが出発点である。

　最初の課題は、これと同じ関係が安倍とドナルド・トランプのあいだにも成り立つ、というところへ進むことである。すなわち、私がいま安倍との対比において語ったことを、こんどは安倍が安倍自身とトランプとの対比において語るとき、安倍は私と同じことを語ったことになる、といえる段階へと進むことである。当然のことながら、われわれは実際にはすでにこの段階に進んでしまっているので、いまどのようにして「同じこと」が成立するかを論じようとしているその「同じこと」の視点からしかものごとが見えなくなっている。だが、それはむしろ驚くべき飛躍がすでになされてしまっているということでもある。なぜなら、私の痛みは痛く、安倍の痛みは痛くない――これは端的な事実であるが、安倍が「私の痛みは痛く、トランプの痛みは痛くない――これは端的な事実である」と言ったとすれば、これは端的な事実ではないからである。ここにはあるずれが生じている。（当然のことながら、読者がいま私が言っていることを理解するときには、すでにしてこれと同種のずれが生じてしまっている。いわば、すでに安倍の立場にある永井の発言から最初の「私」の立場を理解して、そのずれを認めてしかるのちに埋めなければならないわけである。そのことがこの議論を伝えがたくしている。）

さて、私が安倍との対比において語ったことを、安倍が安倍自身とトランプとの対比において語った場合、安倍は私と同じことを語ったことになる、とはもちろん認められない。なぜなら、安倍が「私の痛みは痛く、トランプの痛みは痛くない――これは端的な事実である」と言ったとすれば、それは端的な事実ではないからである。私にとっては端的な事実ではないのではなく、端的に端的な事実ではないのである（繰り返すが、「とって」という高度な装置はまだ生まれていない）。このように「端的に」が背進しても、どこまでも自らを相互的な「とって」性の地平に置くことを拒否することこそが独我論のアルファにしてオメガである。なぜ拒否するかといえば、それが端的な事実だからである。

この主張を拒否して独我論を否定したいと感じた読者がいるかもしれない。しかし、じつはそんな必要はない。もはや説明するまでもないと思うが、この主張に賛成することもまた――あるいはむしろそれこそが――独我論を否定することだからである。つまり、この主張を賛同可能な相互性の地平に置くことこそが、である。

拒否したいと思った方は、私が安倍との対比において語ったことを、安倍が安倍自身とトランプとの対比において語った場合、安倍は私と同じことを語ったことになる、という見地に立ったことになる。読者から見れば、「私」とは永井であるから、永井と安倍とトランプの三者の関係が問題である以上、それは自明のことでさえある。賛同した人は、「私」を永井と見ずに、それぞれ読者自身のこととみなしたわけだが、その読み換えができるということにおいてすでに、「私」の相対化が生じ、アルファでありオメガであったはずの端的さは失われている。私にとっては、その見解が他者に同意されてしまったことにおいて。読者にとっては、その見解が他者の見解に同意することから生じていることにおいて。

前者の「拒否」の場合、私は読者（にかぎらず他人）から見れば永井という一人の人間にすぎないから、こんな「端的さ」は認めてもらえない。後者の「賛同」の場合は、みんながそれぞれ私と対等に「端的さ」を主張するから、やはり「端的さ」は認めてもらえない。以前に問題にされた絵の比喩を使うなら、自分の絵に額縁をはめられてしまうのが前者で、額縁がない絵をみんなが対等に描くので額縁が生じてしまうのが後者である。この二つは、結局のところ、どの水準で相互性を成立させるかの違いにすぎない。そして、この二つの描像が合体した描像が相互的な私秘性の描像であろう。それは言ってみれば、他人の体験なんて「端的に実在しない」とみんなで対等に主張しあう（ことを相互に認めあう）地平である。文法的規約の成立の背後にはこのような「形而上学的」事実から始まる経過があるだろう。そして、「乗り越え不可能な壁」の正体は、おそらくはこの二つの描像のレベル差とその合体にあるだろう。

かくして、他人の体験は決して「感じられない」という描像が生まれる。そしてたとえば、「すべての生き物の体験が対等に体験されているというあり方を想像することはできない。それを想像しようとすると、すべての生き物の体験を対等に私が体験している（という対等でない）状況の想像になってしまうからである」といったことを、だれでもが正当に主張できることになる。先に述べた「特殊な種類の不可能性」もまた、だれもが語りうるものとなる。

この「社会契約」の成立によって、物が世界の中に複数個併存しているのとまったく同様の仕方で、心もまた世界中に複数個併存している、という驚くべき世界像が打ち立てられることになる。このことと相即的に、はじめて「人称」という文法装置が成立することになり、独我論的事実は複数の「私」が共存可能な世界の内部での各「私」の体験の「私秘性」という形で痕跡を残すことになる。そうなれば、「私は他人の体験を体験できない」のみならず、「私の体験だけが実在する」でさえ、文法にかんするトートロジカルな主張とみなされることになるのは当然の成り行きであろう。これは単に文法の壁に阻まれて原初の事実が語れなくなってしまっただけであって、それはもともとなかった（文法の壁だけがあった）と見るのは誤診である。その証拠に、この段階に達してもなお、一部の目覚めた人、すなわち独我論者は、他人がまったく同じことを主張しても、それを自分と同じ主張であるとは決して認めないからである。

　この「病気」はもはやウィトゲンシュタイン的な治療法では治せない。おそらくはすでにして、医師と病人は逆転しているだろう。またおそらく、「語を対比項なしに使う」ことを「形而上学的使用」として非難するのも病状の一つ、あるいは成立した文法を正当化するために生まれた一つのイデオロギーであろう。

　なお同型の問題は、たとえば「過去や未来のことは現在は体験できない」のような言明についても成立すると思われる。人称と時制には哲学的には同型の問題が多いが、なぜそうであるかはそれ自体が一つの哲学的問題である。

17　文法に対する不満？

W　論理的不可能性と物理的不可能性のあいだを揺れ動くことによって、「私が感じるのはつねに私の痛みだけである以上、他人が痛みを感じるという想定はいったい何を意味しうるのか」というようなことが言われるようになる。このような場合になすべきことはつねに、問題の語がどのようにわれわれの言語において現実に使われているかを見ることである。すべてのこのような場合、日常言語でそれらの語が使われるのとは違った使い方が考えられている。その使い方は、他方では、まさにそのような場合に何らかの理由で是非とも採用したくなるような使い方なのである。語の文法に関して何かがおかしいと思われるとき、その理由はわれわれがある語を異なる使い方でかわるがわるに使いたくなることにある。そして、形而上学者の主張がわれわれの文法に対する不満を表現していることを見つけ出すのは、その主張の言葉づかいがまた経験的事実を述べるのにも使われうる場合、とりわけ困難である。たとえば、彼が「私の痛みだけが実在する痛みだ」と言う場合、その文は他の人はみな痛いふりをしているだけだ、という意味でもありえよう。また、彼が「だれも見ていない時には、この木は存在しない」と言う場合、「背を向けると、その木は消え去る」という意味でありえよう。しかし、「私の痛みだけが実在する」と言う人は、痛みを感じているという他人たちは嘘をついているということを通常の基準——語に通常の意味を与える基準——によって発見した、と言いたいわけではない。そうではなく、彼が抵抗を示しているのは、そのような基準に結びつけてこの表現を使うことに対してなのだ。つまり、ふつうに使われているその使われ方でこの語を使うことに異議を唱えているのである。他方で、彼は自分がある規約に異議を唱えているということに気づいていない。彼には、ふつうの地図で使われているのとは違う区切り方が見えている。彼は、たとえば「デボン州」という名を、いま取り決められている地域に対してではなく、それとは別の仕方で区切られた地域に対して用いたいと感じている。彼はそのことを、「ここに境界線を引いて、これを一つの州にするのは理にかなっていないのではないか」と言って表現することもできよう。だが彼は「実在のデボン州はここだ」と言う。これに対しては、「あなたが欲しているのは単にある新たな表記法であり、新たな表記法によって地理上の事実が変わるわけではない」と答えられよう。しかし、われわれがある表記法に抗し難く惹きつけられたり反発を感じたりしうるのは本当である。（ある表記法・表現形式がわれわれにとっていかに多くのことを意味しているかを、そしてその変更が数学や自然科学の多くの場合のように容易であるとは限らないことを、われわれは忘れがちである。衣服や名前を変えることは、大した意味を持たないこともあるが、重大な意味を持つこともある。）

（原56　全105　文131　黒95）

N 形而上学者のある種の主張がじつは文法に対する不満を表現しているというのは本当だろうか。もし本当だとしても、この主張自体がウィトゲンシュタイン自身の形而上学であって、ある文法に対する不満の表現である可能性はないだろうか。何かが病気に見えてしまう病気というものもありうるだろうから。

ウィトゲンシュタインは、形而上学者の主張が字面の上では経験的事実の主張にも使える場合、それが文法に対する不満を表現していることを見つけ出すのがとりわけ難しいと述べて、二つの例を出している。一つ目は、「私の痛みだけが実在する痛みだ」という形而上学的主張が「自分以外の人間はみな痛いふりをしている」という経験的事実を指すのにも使えるという事実であり、二つ目は、「だれも見ていない時には、この木は存在しない」という形而上学的主張が「その木に背を向けるとその木は消える」という経験的事実を指すのにも使えるという事実である。経験的事実を指すほうは、事実について通常とは違ったことが起こっていると主張しているのに対して、形而上学的主張のほうはそうではなく、通常の状態について通常とは違う語り方をすべきだと主張しているのだ、というわけである。たとえば、「だれも見ていない」ことを「存在しない」と言おう、とか、「私の痛み」を「実在する痛み」と言おう、とか。この議論は成り立つであろうか。

　まずは、消える木のほうから考えてみよう。経験的事実を指すと解された場合の、つまり「背を向けたときは消える」という場合の「消える（存在しなくなる）」は、見ている面前で何かが消える（存在しなくなる）場合と同じ意味で「消える」という語が使われている。対して、形而上学的に解された場合の、つまり「見ていないがゆえに消える」という場合の「消える」は、見ている面前で消える（存在しなくなる）場合とは違う意味で「消える」という語が使われている。後者においては、「消える（存在しなくなる）」は「見えなくなる」と同じ意味で使われているからである。

　一般にわれわれはこの二種類の「消える」を、どちらも見えなくなるという点では同じであっても、区別している。そのことによって、存在していても見えない場合（そしてまた、見えていてもじつは存在しない場合）を確保しているわけである。では、なぜそういう規約を採用しているか、といえば、おそらくはそのほうが便利だからであろう。他人と一緒に生活し言葉で意思疎通しあう場合、これは明らかだろう。私が黒板に背を向けて学生に語りかける場合、黒板は消えた（存在しなくなった）のではなく、存在しているが私という個人にはたまたま見えていないという語法を採用したほうが話が通じやすい。もちろん「消えた（存在しなくなった）」と言ってもかまわないが、どうせ「私にとって」を付けざるをえないのなら、そういう付加語を付けざるをえない主観的消失とそうでない客観的消失を最初からわかるように区別しておいたほうがよいだろう。しかし、たとえ無人島に一人で漂着したような場合でも、たとえば自分用の日記をつける場合などに、この区別は維持した方がよかろう。たとえば、海辺に繋いであったボートが消えてなくなった場合と単にその場を離れて見えなくなった場合とは違う言葉で表現できたほうが便利であることは明らかではないか。たとえ今は見えなくなっていても、見ようとすればまた見えるような場合には「存在はしている（が単に見えないだけ）」と言って、客観的消失と区別すべきなのである。

しかし、多少の不便は承知のうえで、この区別がない観念論言語体系を採用することもじゅうぶん可能ではあるだろう。一人ならもちろん、みんなで採用することも。その場合、二種類の採用の仕方がありうることに注目したい。第一は、この観念論的世界観を心から受け入れ、木に背を向けると文字どおりその木が存在しなくなると考えるようになる場合である。（もちろん、眼前で消え去る場合と同じ意味においてではないが、しかし共通の意味においてである。通常の世界観で実際に消滅した物が存在していることなどありえないのと同じように、見えなくなった物が存在していることなどありえないのである。）第二は、この観念論的世界観を受け入れたわけではないが、言葉の使い方としては観念論文法を採用し、「木に背を向けたら見えなくなったが、背後で存在しつづけている」といった言語表現は使わずに、その代わりに「木に背を向けたら見えなくなったが、振り向いてもういちど見れば見えるであろう」のような言い回しを使うようにする、という場合である。

この二種の採用の仕方が区別できるということは、形而上学者の主張が文法に対する不満の表現であり、したがって新たな文法の採用の提唱である、というウィトゲンシュタインの主張に対する反証にならないだろうか。なぜなら、形而上学者が後者（第二の方）ではなく前者（第一の方）を求めていることは明らかであろうから。形而上学者のこの表記法によって表現される世界は、われわれが通常理解している世界よりもはるかに、背を向けて見えなくなることが眼前で消え去ることに、眼前で消え去ることが背を向けて見えなくなることに、似ている世界なのである。この世界は本当はそういう在り方をしているではないか、そうこの形而上学者は言いたいのである。

次に、実在しない痛みのほうについて考えよう。経験的事実を指すと解された場合の、つまり「痛いふりをしている」というような場合の「実在しない痛み」は、実在することも可能なのに今たまたま実在していないという意味で使われている。対して、形而上学的に解された場合の、つまり「他人であるがゆえに実在しない」という場合の「実在しない」は、たまたまではなく、他人の痛みであるがゆえに必然的に実在しない痛みなのである。だから、後者の場合の「実在しない」は「他人の」と同じことになる。

一般にわれわれはこの二種類の「実在しない」を、どちらも自分が経験できないという点では同じであっても、区別している。そのことによって、他人の痛みが実在する場合（本当に痛い場合）と実在しない場合（痛いふりをしている場合）との区別を、自分におけるその区別と同じ区別として、確保しているわけである。この場合も、ではなぜそういう規約を採用しているかといえば、おそらくはそのほうが便利だからであろう。これは文字どおり社会契約である。あなたの痛みの存在も認めるので私のも認めてください。そうすればお互いにとって（双方が認めないときよりも）便利に暮らせるから。

だから当然、事情は法の場合に似ており、むしろ同じことだといえる。自分が他人に痛みを与えるのと他人が自分に痛みを与えるのとは、ある観点から見れば、似ても似つかない。前者はちっとも痛くなく（場合によっては快楽でさえあり）、後者は端的に痛いのだから。しかし、ある別の観点から見れば、この二つは同じことであろう。あらゆる法はこの後者の前提のもとで成り立っている。そうでないとそもそも法にならないからだ。ところで、あらゆる言語もそうである。そうでないとそもそも言語にならないからである。もちろん、このことによって法や言語では決して掬い取れない事実が残存することになる。このことの意味は大きい。

先ほどの黒板が「消える」ほうの問題で「私という個人にとって」という仕方で「私」という他とはまったく異質の存在者を単なる一「個人」とみなした際にも、これと同じ機制がはたらいていた。そのことによって、無人島に一人で漂着したような場合でも、見えないことと存在しないことの区別が維持されたのであった。では、無人島でも、他人のであるがゆえに実在しない痛みと、ふりであるがゆえに実在しない痛みとを、区別すべきであろうか。当然そうすべきである。それがわれわれがわれわれの「痛い」という語の使い方を理解しているということなのだから。たとえ今はたまた他人がいなくとも、「もし他人がいたならば私には感じられないが実在することになるはずの彼の痛み」と「もしいたとしても私に感じられないだけでなく実在もしない彼の痛み（つまり彼のする痛いふり）」とは区別すべきであることが、なお知られていなければならない。

しかし、それにもかかわらず、この区別を認めない独我論言語体系を採用することはじゅうぶん可能ではある。それはたとえば、「他人も痛みを感じることがある」とは言わずに「他人も私が痛い時と同じような言動をすることがある」と言うことだが、この場合にもやはり、二種類の採用の仕方があるだろう。第一は、この独我論的世界観を心から受け入れ、上記のような言葉の使い方をするだけでなく、文字どおりにそう信じる場合である。（もちろん、通常の世界観で人が単に痛いふりをしている場合と同じ意味において「痛みを感じていない」のではないが、しかし共通の意味においてである。通常の世界観で痛いふりをしている人が本当に痛いことなどありえないのと同じように、他人である人間が本当に痛いことなどありえないのである。）第二は、この独我論的世界観を受け入れたわけではないが、言葉の使い方としては独我論文法を採用し、「彼は痛みを感じている」といった言葉づかいはせずに、その代わりに「彼は私が痛い時のように振舞っている」といった言い回しを使うようにする、という場合である。

この二種の採用の仕方が区別できるということは、形而上学者の主張が文法に対する不満の表現であり、したがって新たな文法の採用の提唱である、というウィトゲンシュタインの主張に対する反証になるだろう。なぜなら、形而上学者が後者（第二）ではなく前者（第一）を求めていることが明らかであろうからだ。形而上学者のこの表記法によって表現される世界は、われわれが通常理解している世界よりもはるかに、他人が痛がることと他人が痛いふりをすることが同じことであるような世界なのである。この世界は本当はそういう在り方をしているではないか、そうこの形而上学者は言いたいのである。ウィトゲンシュタインは、

しかし、「私の痛みだけが実在する」と言う人は、痛みを感じていると言う他人たちは嘘をついているということを通常の基準――語に通常の意味を与える基準――によって発見した、と言いたいわけではない。そうではなく、彼が抵抗を示しているのは、そのような基準に結びつけてこの表現を使うことに対してなのだ。つまり、ふつうに使われているその使われ方でこの語を使うことに異議を唱えているのである。他方で、彼は自分がある規約に異議を唱えているということと

に気づいていない。

と言うが、「彼が抵抗を示しているのは、そのような基準に結びつけてこの表現を使うことに対してなのだ」と言うのは真実ではないだろう。結果としてたまたまその基準に結びつけてこの表現を使うことに抵抗を示すことになるとしても、それはたまたま付随的にそうなるだけで、そのことこそが彼のしたいことではないだろう。彼としてはあくまでも事実について語っているつもりであろう。規約に異を唱えているというよりは、その規約を使っては表現できない事実を語ろうとしている（がゆえに、結果的に規約にも異を唱えることになっている）。だから、「規約に異議を唱えていることに気づいていない」のはむしろあたりまえのことである（そんなことに「気づいて」しまったら、自分の言いたいことを見失ってしまうであろうから）。

したがって、最後の方の地図の比喩も適切とはいえない。州の区切り方のような任意の取り決め（規約）について争っているのではなく、実際に存在する地理上の事実のうちの何に注目して基本的な分類表記をおこなうかを争っていると考えるべきである。もちろん「新たな表記法によって地理上の事実が変わるわけではない」が、地理上の事実を正しく表現する表記法とそうでない表記法があることは当然のことであは、それがじつは単なる表記法ではないからだろう。

さて、ウィトゲンシュタインのこれまでの議論を勘案してさらに一歩進めるなら、この独我論者はこう主張するであろう。「他人が痛みを感じるとはどういう意味なのか、私にはまったく分からないが、私が彼の身体に痛みを感じるということの意味なら理解でき、そういう場合を想像することなら問題なくできる」と。ウィトゲンシュタインは想定していないようだが、これをさらに一歩進めれば、彼はこうも主張すると想定できる。「他人が痛みを感じるとはどういう意味なのか、私にはまったく分からないが、もし私が彼であったら（私がこの体ではなくあの体に受肉していたら）その体に痛みを感じるだろう、ということの意味なら理解でき、そういう場合を想像することなら問題なくできる」と。

さて、この問題にかんする考察はこれでじゅうぶんに深部に達したかのように思われるかもしれない。だが、じつはまったくそうではない。少なくとも独我論言語にかんするかぎり、ここまでの議論はすべて表層的で非本質的なものにすぎない。問題はじつはこれらの問題のさらに奥に隠れているのだ。なぜなら、そもそも独我論者は、この独我論言語をみんなが採用することでは満足できないのみならず、独我論的世界観をみんなで採用することでも満足できないだろうからである。独我論者が言いたいことは、そもそもそのようなことではないのだ。彼はたとえば、他人が「他人も痛みを感じることがある」の代わりに「他人も私が痛い時と同じような言動をすることがある」という言い方を採用するようになるだけでなく、この独我論的世界観を心から受け入れ、文字どおりにそう信じるようになることを、自分の考えが受け入れられたとみなして喜ぶことができるであろうか。他人が「他人が痛みを感じるとはどういう意味なのか、私にはまったく分からないが、私が彼の身体に痛みを感じるということの意味なら理解でき、そういう場合を想像することなら問題なくできる」と信じ込んだり、他人が「他人が痛みを感じるとはどういう意味なのか、私にはまったく分からないが、もし私が彼であったら（私がこの体ではなくあの体に受肉していたら）その体に痛みを感じるだろう、ということの意味なら理解でき、そういう場合を想像することなら問題なくできる」という考えを持ったりすることに賛同できるだろうか。もちろん、できはしない。他人が独我論的世界観を持つことは独我論に反するからである。

誤解の余地はないと思うが、さらにダメ押しをしておくなら、この「他人が独我論的世界観を持つことは独我論に反する」という考えもまた、他人が持てば独我論に反する。そして、この構造はどこまでも反復し、どの段階であれ自他に共通の地平で収束することができない。ゆえに、そもそも独我論的主張というものは存在しえないことになる。およそ言語とは何らかの「共通の地平」を前提にしたときに成り立つ情報伝達の仕組みだからである。私見によれば、まさにこのこと（つまり言語という仕組みとの対立）こそが独我論の本質なのであって、それは独我論者としてのウィトゲンシュタインの画期的な発見である。（ちなみに、この「共通の地平」は必ずしも自他の間のそれである必要はない。たとえば現在と未来の間のそれであってもよく、それがいわゆる私的言語の問題につながる。その場合、独我論にあたるのはもちろん独今論である。）

　まとめて言えば、どんな内容であれ、他者の側から同じことが言えるという共通の地平の成立一般を拒否しなければならない、ということである。他者の側から同じことが言えるという共通の地平の成立一般を拒否するという、そのこと自体に関しても、である。（そして、この「他者」は必ずしも他人である必要はない。）

　共通の地平の成立一般を拒否するというこの特殊な超越構造さえ理解されれば、「痛み」や「感覚」や「体験」（や「心」や「意識」）のような、私と他人が共通に持てないとされるものの中身の話は、じつはどうでもよい。それらはすべて、この特殊な超越構造が成立してしまうケースに与えられた名前であり、この構造が共通の地平へ投影されたもの、とみなされるべきなのである。

　したがってたとえば、他人は普通に「痛み」を感じてまったく問題ないし、他人が「痛み」を感じるということの意味は問題なく分かって全然かまわない。「痛み」や「感覚」や「体験」（や「心」や「意識」）のような一般概念で表現されて、だれにでもそれを帰属させうる公共的基準が成立しているものは、むしろ他人たちが持つにふさわしい。実在（リアル）するのはむしろ他人の体験のほうである。それは前提しておいて、「痛み」「体験」等の意味がそこですでに完結しているなら、私にあるこれは――この余剰物！　は――いったい何なんだ？　と問うほうが、むしろ問題の本質にふさわしい、とさえいえる。いずれにせよポイントはただ、同じことを他人が言うことはできない、という点にのみある。つまり、言語で伝えられるべき「これと同じこと」が、通常の共通言語地平に存在しない、ということだけがポイントなのである。

　そして、この意味ではたしかに、独我論者は文法に対する不満を述べているといえる。だが、その文法はウィトゲンシュタインが想定するよりも遥かに根源的な文法であって、言語成立の前提そのものになっているような文法である。独我論者は、人称という文法装置が前提されて、自他共に「私」という語を（同じ意味で）使えること自体にある不満——というか重要な何かがすでに飛び越されてしまっている感じ——を抱くであろう。しかし他面では、独我論者は決して文法に対する不満を述べているのではありえない。なぜなら、この言葉づかいが廃止されても、彼の問題は増えも減りもしないであろうから。

この問題を、共通の地平へ投影された場面だけで捉えて、一般的に自他の間で成り立つ問題とみなすなら、それは一般的な心の内と外の関係の問題（つまり「見える」ことと「存在する」ことの関係の問題）や心と物の関係の問題（つまり心身関係の問題）と同じ地平に回収されるので、これをある種の一般規則の設定によって解決するのは難しくない。心に与えられているもののうちある種の規則に従っているものを外界にある（つまり見えなくなっても存在しなくはならない）「物」とみなすことができるのと同様に、外界の現象のうちある種の規則に従っているものを実在する（つまりふりをしているのでなければ存在する）「他人の心（体験）」とみなすことができる。というか、ある意味ではそうするしかない（ので実際にそうしている）。（余談ながら、前者の外界成立にかんしては、そうなれば逆に、規則に従って外界の「物」とされたものについて成り立つ法則の見地から、心的なものの成立のメカニズムを解明することができるようになって、カント的循環が成り立つ。）

これらの議論は、すべて通常の言語によって問題なく語りうる議論である。なぜなら、後者の他人の心についての議論でさえ、そこで他人の側から私に対して同じことが言えるという共通の地平が成立していることはすでに前提されているからである。しかし、独我論者が不審の念を抱くのはこの地平そのものに対してなのである。ウィトゲンシュタインはこの問題を、おそらく感じ取ってはいたとは思うが、遺憾ながらその深みにまで肉薄していたとは言いがたい。

独今論に触れて示唆しておいたように、これと同型の問題が生じるのは、時間に関してだけである。冒頭の「私が感じるのはつねに私の痛みだけである以上、他人が痛みを感じるという想定はいったい何を意味しうるのか」という問いは、「私が感じるのはつねに現在の痛みだけである以上、私が過去に痛みを感じた、あるいは未来に感じるだろうという想定はいったい何を意味しうるのか」という問いに変換しうる。慧眼な読者はすぐに気づかれたと思うが、同型の問題が生じうる根拠はこの「つねに現在の」の「つねに」にある。体験がつねに現在のものであるなら、なぜ「つねに」そうであるといえるのか。ここには端的な現在でない現在への言及があるからである。この問題を、「私」の場合との異同をからめて追究することはきわめて興味深い（同型であるにもかかわらず違うところがたくさん出て来るので）が、ここではあまりに話がそれるので、控えることにしたい。

さて、「私の痛みだけが実在する痛みだ」という独我論者の発言を聞いたら、そこに言葉の病を見て取るウィトゲンシュタインのような別種の形而上学者でないごくふつうの人々は、おそらくはこう答えるであろう。「そりゃたしかにあなたにとってはそうだろうさ。私にとっては私の痛みだけがそうだからね」と。このようにして、独我論はいわば問題なく共有されてしまうのである。そして、独我論者の不満を引き起こすのは、ただひたすらこの共有——以前のウィトゲンシュタイン自身の言葉を使うなら「はぐらかし」（**5**を参照）——なのである。

18「無意識的な考え」という表現

W 実在論者、観念論者、独我論者によって論じられる問題を、それに密接に関連するある問題を示すことによって、明確化したい。それは「われわれは無意識的な考えや無意識的感じといったものを持ちうるか」という問題である。無意識的な考えがあるという見解は多くの人々を嫌悪させた。別の人々は、意識的な考えのみがありうると想定している点で彼らは間違っており、精神分析学は無意識的な考えを発見したのだと言い返した。無意識的な考えに反対する人々は、自分たちが新しく発見された心理学的反応に反対しているのではなく、その反応が記述される仕方に反対しているのだ、ということに気づかなかった。一方、精神分析家の方は、自分たち自身の表現の仕方に惑わされて、自分たちが新しい心理学的反応の発見以上のことをしたと思い込んだ。すなわち、自分たちが無意識的であるような意識的な考えを、ある意味では発見したのだ、と思い込んだのである。それに反対する側の人々はその異論を、「われわれは「無意識的な考え」という言葉づかいをしたくない、「考え」という語は「意識的な考え」と呼ばれるものだけにとっておきたい」と言って表現することもできた。彼らが「意識的な考えだけが存在しうるのであって、無意識的な考えなどはありえない」と言うとき、彼らはその言い分を誤った仕方で述べている。なぜなら、もし彼らが「無意識的な考え」について語りたくないなら、「意識的な考え」という表現もまた使うべきではないからである。

しかし、いずれにせよ、意識的な考えと無意識的な考えの両方について語る人は、そのことによって「考え」という語を二つの違う使い方で使っていることになる、と言うのは正しくないか。――ハンマーで板に釘を打ち込むときと穴に杭を打ち込むときで、ハンマーは二通りの違う使われ方で使われているのだろうか。この杭をこの穴に打ち込むときと別の杭を別の穴に打ち込むときで、ハンマーは二つの違う使われ方で使われているのか、同じ使われ方で使われているのか。それとも、何かを何かに打ち込むときと、たとえば何かを粉砕するときとでのみ、違う使い方で使われていると言うべきだろうか。あるいは、これらはすべて同じ使われ方であって、文鎮の代わりに使われるときにのみ違う使い方がされたと言うべきなのか。ある一つの語がどういう場合に二種類の違う使われ方で使われており、どういう場合に一種類の同じ使われ方で使われると言われるべきなのか。ある語が二種類の（またはそれ以上の）違う使われ方で使われていると言われても、それだけではその使い方についてまだ何も明らかにはなっていない。それはただ、その使用法を記述するための図式として、二つの（またはそれ以上の）下位区分をもった図式を提供することによって、その使用法を見る際の見方を指定したにすぎない。「私はこのハンマーで二つのことをする。この板に釘を打ち込み、あの板に釘を打ち込む」と言うことに何の問題もない。しかしまた、「私はこのハンマーで一つのことをする。この板に釘を打ち込み、あの板に釘を打ち込む」と言ってもよかったのだ。ある語が一つの使われ方で使われているか二つの使われ方で使われているかにかんしては、次の二種類の議論がありうる。(a)英語の

「cleave」という語は、物を引き裂くときにのみ使われるのか、それとも物を繋ぎ合わせるときにも使われるのか、について二人の人間が議論することがありうる。これは、実際に使われている使われ方にかんする事実についての議論である。(b)「深い」と「高い」をともに意味する「altus」はそれゆえに二つの違う使われ方で使われているのか、について彼らが議論することもありうる。この問いは、意識的な考えと無意識的な考えについて語るとき、「考え」という語は二つの違う使い方で使われているのか、それとも一つの同じ使い方で使われているのか、という問いに類比的である。「言うまでもなく、これらは二つの違う使い方だ」と言う人は、すでにして二用法図式を使うことに決めているのであり、彼の言ったことはその決定の表現である。

(原57　全106　文133　黒97)

N この箇所は、哲学的問題をどんな言語規約を採用するかという問題に見立てて解消する、という意味での規約主義の立場が表明されている。しかし私見によれば、およそ言語という規約を採用することそれ自体が引き起こす問題にかんしては、このやり方で解消することはできない。このやり方によって解消可能な問題とそうでない問題(いかなる言語規約の採用によっても決して満たされない問題)がある。観念論は典型的に前者だが独我論は典型的に後者である。この違いこそが決定的なのである。

19　日常言語に対する不満vs.言語そのものからの余剰

Wさて、独我論者が、彼自身の体験だけが実在する、と言ったとき、「その声がわれわれに聞こえていると信じていないなら、なぜそれをわれわれに言うのか？」と答えても役に立たない。また、もしそう答えたなら、それで彼の困難に答えたと思ってはならない。哲学的な問いに常識的な答えはないのだ。哲学者たちの攻撃に対して常識を守りうるのはただ、彼らの困惑を解決することによって、つまり、常識を攻撃したくなる誘惑から彼らを治療することによってであって、常識的な見解をもう一度言うことによってではない。哲学者は正気を失った人間ではなく、また、だれにでも見えるものが見えない人間でもない。しかし他方では、彼が常識と一致しないのは科学者が素人の粗雑な見解と一致しないのとも違う。というのは、哲学者が彼らと一致しないのは事実にかんするより精密な知識に基づいてではないからである。

それゆえにわれわれは彼の困惑の根源を探求しなければならない。そこで見出すのは、困惑や心の落ち着かなさが起こるのは、ある事実について知りたい欲求が満たされない場合や、あらゆる経験に適合する自然法則が見つからない場合だけではなく、ある表記法が——それが呼び起こすさまざまな連想のためでもあろうか——われわれを満足させせない場合もある、ということである。われわれの日常言語は、あらゆる可能な表記法の中にあって、われわれの生活全体に行き渡っている表記法であって、われわれの心をいわば一つの場所にしっかりと固定しているわけだが、われわれの心は時としてその場所に閉じ込められていると感じ、他の場所にも行ってみたいという願望を抱くのだ。それゆえ、日常言語よりもある差異を強調しはっきりさせるような表記法を望んだり、特殊な場合には、日常言語よりもある差異を目立たなくする表記法を望んだりする。こうした必要が満たされる表記法が示されれば、閉じ込められた感じは和らぐのだが、こうした必要にもじつにさまざまなものがありうる。

(原58　全108　文136　黒99)

N

もちろん独我論者でも、自分の声が他人に「聞こえる」と信じることはできる。いや、疑う余地なく信じているだろう。彼が「そこの黄色いチョークを取ってくれ」と言えば、他人はたいてい取ってくれるから。それがすなわち「聞こえる」ということだろう。（だから他人は色や物の識別もできているはずだ。）彼はただ「私に聞こえる音（や色）だけが実在(リアル)する音（や色）だ」と言いたいだけである。理由は単純で、他人に聞こえる音は、じつは(リアリー)聞こえず、他人に見える色は、じつは(リアリー)見えないからだ。

しかし、この言い方には二種類の理解の可能性があるだろう。他人にも体験が実在する（見たり、聞いたり、痛みを感じたりする）可能性はあるのだが、なぜか実際にはそれが欠けている、というのが一つの理解の仕方である。「～だけが実在(リアル)する」という表現はこの理解を誘う。他人にもあることが可能なのだが実際にあるのは私だけだ、と言っているようにも聞こえるからだ。もう一つの理解の仕方は、「他人の体験（視覚体験や痛覚体験、等）」を、あたかも「袖のついたチョッキ」のような、何かしらありえない、そもそも矛盾したことを言っているかのように理解する仕方である。「他人に体験があるなんて理解不可能だろう。だって、それがあるから私で、ないから他人なのだから。「他人に体験がある」なんて、そもそも意味が分からないじゃないか？　だって、もし他人にそれがあったら、私は私と他人をどうやって識別すればいいんだ？　みんな私になっちゃうじゃないか？」。（しかし、みんな私になっちゃうとは、すべての身体に痛みが感じられる、等々、すでに論じたような意味にしかなりえず、そうなった状態はもちろん可能である。したがって、みんなそうなっちゃったとしても、やはり他人に体験なんて生じていない。）この理解の仕方に理があるのは、実際、私が私と私でない人（他人）をどうやって識別しているかといえば、この識別の仕方を使っているからである。そうでなければ、いったい何によって識別しているというのか？

ここでこの理解の仕方に「私にとっては」を付加することができない点に注意されたい。もしそれができるなら、「彼にとっては彼の体験が……」、「彼女にとっては彼女の体験が……」、……、という私におけるのと対等の事態が複数生じてしまい、そのうちのどれが私であるかはやはり分からなくなってしまうからである。そうなれば、今度は、その中から私を選び出す段階で、いま問題にしていることがやはり起きてしまう。この選出は「とって」抜きに「端的に」なされなければならない。このことは決定的に重要である。

しかし、そのように言えるとすれば、それはすでにして第一の理解の仕方を使っているということではないのか。他人にも体験がありうるのだが、現実にはたまたま私にだけある、と。いや、そうではない。体験は他人にはありえず、私にしかありえない。これは必然的な事柄である。その必然的なあり方が、現状においては、なぜかたまたまある一人の人（の身体）に実現しているのである。だから、その点ではそうでないことは可能でなければならない。他人の歯に痛みを感じることは可能でなければならず、その他人の身体が——場合によってはそれだけが——私の身体である（つまり唯一現実に体験が生じている）こともまた可能でなければならない。

これは「私」の本質規定（したがってその識別基準）からの必然的帰結である。ただし、私が他人に——他身体にではなく——なることは、別の基準から不可能である。私の身体が安倍のあの身体になることはまったく可能だし、私が安倍であることも可能でなければならないが、私が安倍になることは不可能である。その理由は、いま述べている種類の「私」の本質規定と世界内での（世界の持続基準と連動した）個人の記憶の持続基準に基づく「私」の本質規定とが矛盾することによる。この問題はきわめて重要だが、この点については、人格同一性について論じる**23**で論じることにして、ここではこれ以上論じない。

ここで枢要な問題はただ一つ、この「私」の識別基準（先に述べたような「端的さ」による）は他人たちもまた使っているはずだから、これによってどれが私であるかを識別することはできないはずではないか、という問題である。ここがロードス島なのである。ここで跳ばなければならない。そう見得を切ったカール・マルクスは、その後の叙述で剰余価値の生成の秘密を暴いた（と信じた）が、残念ながら私にはその能力はない。私にできるのは、ロードス島がここであるゆえんを、他のさまざまな事例との連関（神の存在の存在論的証明をめぐる議論や時間の系列をめぐる議論や様相における現実性の位置をめぐる議論……等々との連関）や、ウィトゲンシュタインが後に提出する「同定に基づかない自己知」説や「表出」説（**29〜31**）との連関において、例証することだけである。それにしても、ここがロードス島であることは疑う余地がなく、今だかつてここで跳んだ者は——もちろんウィトゲンシュタインを含めて——いないと思われる。ここには、いやここにこそ、解明すべき問題が存在し、それはまだ手が着けられていない。それどころか、問題を感知している人すらほんの僅かにすぎない。このようにロードス島の所在地を直示しても、多くの人がその所在地を体系的に誤認する。そして、そこがロードス島なのである。

この問題を考える一つの戦略は、私の体験の直接性を言語的意味と結びつけるのをやめることである。逆にそれを、言語によって捉えられない、言語的意味の外にある、余剰と見ることである。他人たちはみなリアルな体験をもつのだが、私にだけ、「体験」以上の、「リアリティ」以上の、「直接性」以上の、必然的に名前のない、本質的に概念化不可能な、(言語的意味の観点からすれば) 余計なものがあって、その余計なものにおいて、あるいはその余計なもののなかに、すべては存在している、と考えることである。

「私」という語についてさえ、同じことがいえるであろう。他人たちはみなちゃんとした、実在する「私」たちなのだが、私だけはそんな概念では捉えられない、何であるとも分類できない、意味のない余剰物であるといえるであろう。この余剰性は本質的に言語では捉えられないので、この意味での独我論はいかなる表記法の採用によっても満たされず、また、この事実を受け入れた言語規則は存在しえない。つまり、「閉じ込められた感じ」は言語そのものがもたらすのだ。したがって、それが「和らぐ」ような「表記法」は存在しえない。独我論を現在一般に受け入れられている表記法に対する不満とみなすウィトゲンシュタインの診断は誤診であり、独我論者はわれわれの日常言語の外へではなく、およそ言語の外へ行きたいと望んでいるのである。それが独我論が語りえないということの真の意味であろう。

しかし、このように言っても、だれもがこの「余剰」の意味を理解しうるであろうから、こんどはみんなの余剰を俯瞰する視点に立つこともまた可能となる。それは、読者の皆さんが直前の段落で私が言ったことを理解したならそのとき起こったことである。

「独我論者は」と書いてきたが、この言い方はもちろん不適切で、独我論は必ず私自身のものとして語られなければならない。そして、そうであってもその独我論的発言の本質が他人に伝わることはありえない。その声が他人に聞こえないからでも、その主張内容が他人に理解されないからでも、ない。むしろ逆に、他人たちによって賛同され、彼らもまた「私の体験だけが実在(リアル)する」等々と言う（思う）ことができるからである。

したがって、そもそもウィトゲンシュタインが、この問題を「独我論者」という他人が言っていることとして扱っている点において、それでも問題の本質が失われないと思っている点において、彼はすでに問題を捉え損ねているといわざるをえない。「他人にリアルに聞こえるということの意味が私にはどうしても分からない」と思うのは、必ず自分自身でなければならない。そうでなければ、同じことを他人が言うのを認めない、というあの最も肝要な一点がすでにして逸せられていることになるからである。もちろん、私がそのことをウィトゲンシュタイン（という他人）に要求している時点で、それは逸せられている。

他人が痛いことはありえないが他人の身体に痛みを感じることはありうる、というウィトゲンシュタインの議論は、私の存在の特殊性を表現するためには見事な論だが、そのこと自体が他人にも言えてしまう（それと同じことが他人も言える）という肝心の点にかんしてはなお不十分である。私にだけあってそれが私を私たらしめている（「痛み」や「体験」といった語の意味には関係ない）余剰が他人の身体に（も）あってもかまわないが、その余剰物に公共言語で名前を与えることはできない。

繰り返して注意を促したいが、ウィトゲンシュタインがここで提示している問題は、彼自身がここで案出している解答（彼の診断と治療法）の水準を超えた根源的な問題で、表層的な治療法で治るような種類の病気などではない。それは治療不可能であるどころかそもそも病気ではなく、いわば言語習得時の「社会契約」によって忘れさせられた端的な事実の提示なのである。そして、その観点から見れば、ふつうの人々は単純で健全な病人にすぎないが、ウィトゲンシュタイン的独我論治療者は、その水準を超えたより重篤な病人である、とみなされざるをえない。彼らはあまりにも深く言語の病に侵されているため、最も単純で端的な事実が示唆されると、そこにどうしても病気の兆候を見てしまうからである。（ところで、この種のより重篤な病気の成立を「分析哲学」の成立とみなすことができ、その場合、そこでウィトゲンシュタインが果たした役割はひじょうに大きかったことになる。それは、法や道徳にかんして、社会契約を所与の事実とみなして「定言命法」とするカントの立場に比されうるであろう。）

20 自痛み―他痛み vs. 実痛み―虚痛み

W さて、われわれが独我論者と呼び、彼自身の体験だけが実在すると言う人は、そのことによって、事実にかんする実際的な問題についてわれわれと一致しなくなるわけではない。

彼は、われわれが痛みを訴えると、ふりをしているだけだとは言わずに、他の人々と同様に同情してくれる。しかし、同時に彼は、「実在（リアル）」という形容語句を、われわれが彼の体験と呼ぶべきものにだけ限定したいと思っている。そしておそらくは、われわれの体験のことはおよそ「体験」とは呼びたくないのである（ふたたび、事実問題についてわれわれと一致しなくなることはなしに、である）。なぜなら、彼は、彼自身以外の体験が実在することは考えられないと言うであろうから。それゆえ彼は、

「Aは実際(リアリー)に歯が痛い」（ここでAは彼以外の人である）というような句が無意味になるような表記法を使うべきなのである。この表記法の規則は、歩がナイトの動きをすることをチェスの規則が排除するように、その句を排除する。独我論者の言いたいことは、結局、「スミス（その独我論者）は歯が痛い」の代わりに「歯痛が実在する」というような句を使うということなのである。そして、なぜ彼にこの表記法を許可してはならないことがあろうか。いうまでもないことだが、混乱を避けるために、彼は、この場合、「実在の」を「ふりの」との対立では使わないほうがよい。このことはただ、何らかの他の仕方で、われわれは「実在の」―「ふりの」の区別ができなければならないということを意味している。「私だけが実際(リアル)の痛みを感じる」「私だけが実際(リアリー)に見る（または聞く）」と言う独我論者は、意見を述べているのではない。だからこそ、彼は自分が言っていることにあれほど確信がもてるのだ。彼は、ある表現形式を使うように誘惑されて抵抗ができなくなっている。しかし、われわれはなお、なぜ彼は抵抗できないのかを理解する必要がある。（原59　全109　文137　黒100）

N

独我論者といえども、「実際の（real）」を「ふりの（simulated）」との対比においても使えるのでなければならない。そうでないと事実問題にかんしても食い違ってしまうからである。この点に関連して、黒崎宏氏は次のように書いておられる。

> 「振りをする」という事は、無意味ではないのである。独我論者は、「私のみが本当の痛みを持っている」と言ったからといって、他人Aについて、「Aは痛い振りをしているのだ」と言う訳ではない。独我論者といえども、「Aは痛みを持っている」と「Aは痛い振りをしている」を区別しなくてはならない。それでは独我論者は、「Aは痛みを持っている」という事を何と言うのか。これはまた別の問題である。(この場合、独我論者は例えば「Aはイダミを持っている」とでも言うかもしれない。)
>
> (『『青色本』読解』一〇二頁)

独我論者が、他人にかんして、「実際に痛い」と「痛いふりをしている」の対比を認めるなら、この前者の「実際に痛い」ことをどう表現したらよいのか、という問題である。独我論者によれば、他人が実際に「痛み」を感じることはありえないのだから、黒崎氏によれば、独我論者はそれを「イダミ」とでも言うだろう、というわけである。これは傾聴に値する見解であるが、もしそうだとすれば、ふりのほうも、他人の場合は「イダイふり」と言わねばならなくなるだろう。

「痛み」と「イダミ」ではそもそも違う語なので、相互の連関がわかりにくい。このような語の導入にかんして最も肝心な点は、他人たちは（他人たちから見れば他人である）その独我論者の痛みを「痛み」と言うべきなのか「イダミ」と言うべきなのか（について独我論者がどう考えるか）である。このことを際立たせることを意図して、独我論者の主張にそって相互の連関を明確化させつつ、「痛み」と「イダミ」の区別の代案を考えてみよう。一つは「自痛み」と「他痛み」の区別、もう一つは「実痛み」と「虚痛み」の区別である。そこで、この二つの区別の違いを考える。前者（「自痛み—他痛み」言語）の場合、「自—他」の関係は視点に応じて変化する相対的な関係なので、他人たちは、（他人たちから見れば他人である）その独我論者の痛みを「他痛み」と呼ぶべきであり、独我論者はそのことを受け入れるべきである。これに対して、後者（「実痛み—虚痛み」言語）の場合、「実—虚」の対比は動かしようのない絶対的な事実なので、独我論者の痛みは他人たちから「虚痛み」と呼ばれるべきではなく、他人たちはその要求を受け入れるべきなのである。他人たちは前者の言語なら受け入れ可能である（しかしわれわれはなぜ「自痛み」と「他痛み」を区別しないのであろうか？）が、後者の言語は受け入れることができないだろう。独我論者は逆に、前者を受け入れることができず、後者に固執する。さて、ところで、後者はそもそも言語たりうるだろうか。これが問題となる。

この独我論者の名前（固有名）を「S」であるとしよう。他人たちが親切であれば、彼らはSの痛みにかんしてだけ「実痛み」という語を使ってくれるかもしれない。あるいは、Sが王様なら、国民全員にそう言うことを命じ、それは実行されるかもしれない。だが、その「実痛み」はじつは「Sの痛み」の言い換えにすぎない。独我論者がたまたま愚鈍でもあれば、そのことに気づかずに、錯覚を起こしてそれで満足してしまうかもしれない。しかし、その場合、これまでさんざん論じてきた、たまたまSである独我論者がたとえだれであったとしてもその「私」の感じる痛みこそが「実痛み」なのだ、という独我論の最重要ポイントは取り逃がされている。もし独我論者がそのことに気づけば、彼はこの特別扱いにもなお満足することはないだろう。独我論者とは、「実痛み」と「虚痛み」の対比を「自痛み」と「他痛み」の対比に還元することを拒否する者であると同時に、その対比を「Sの痛み」と「その他の人の痛み」の対比に還元することをもまた拒否する者でなければならないのだ。さて、繰り返すが、この「実痛み」はそもそも言語表現たりうるだろうか。これが問題なのであった。

すでに繰り返すまでもないかもしれないが、他人がこの独我論者と同じ思想を表明しうることをもって、それは公共的な言語表現となる、というのが私の考えである。そして、もちろん、それをどこまでも拒否することこそが独我論にほかならない。

それを拒否するということの意味を、別の角度から考えてみよう。われわれは「自—他」という対立を相対的であると考えている。相手から見れば自分の側が他者となる——われわれが構成している世界では、この相対的関係は自明視されている。さて、独我論者とは、この関係を認めない人なのであろうか。ある意味では、そうではない。現に彼は、「私が安倍であったら」というような仮想的状況を想定することができた。ならば当然、その仮想的状況においては、唯一の私である安倍は、自分の痛みを「実痛み」と呼び、Sの痛みを「虚痛み」と呼ぶはずであり、独我論者Sはそのことが「可能」であると認めていたことになる。その通りである。独我論者が受け入れられないのはそんなことではないのだ。彼は、自分がもし安倍であったならばそのような状況になることを完璧に受け入れる。ただ彼は、現にそのような状況下にない現実の安倍がそのような言葉づかいをすることだけは、決して受け入れられないのである。

独我論者とは、自分が安倍である仮想的状況が考えられない人なのではない。そんなことならいくらでも考えられる（それはむしろ独我論の一つの特徴である）。しかし彼は、現にSが私であり、したがって「実—」を語る立場に立つ者でありながら、安倍もまた自分と同じ意味で「私」であり、したがって「実—」を語りうる立場に立ちうる、ということだけは決して認められないのだ。だって、そんなことはありえないではないか！　独我論とは文字通り「独—我」論なのであって、それは「複—我」論の拒否なのである。それは、私は安倍でありうるなどという、通常は認められない、とんでもない可能性はまったく問題なく認めるのに、通常はまったく問題なく認められている、他人もまた、私が私であるのと同様の意味で、それぞれ「私」である、という事実だけは死んでも認められないのだ。それを認めなければ殺すと言われたら、言葉のうえでは認めるかもしれないが、心の中で「それでも他人は……」とつぶやくに違いない。

ところでしかし、通常の世界観はなぜ独我論のそれと逆転しているのだろうか、これが哲学的問題である。結局は同じ問題になるだろうが、こう問うこともできるだろう。この独我論者が他者とふつうに会話をするとき、彼は他者の語る「私は……と思う」とか「私は……と感じる」といった言語表現をどのように理解するのだろうか、と。一つの可能性は、それを聞くたびに、話者の側が唯一の私でSは一人の他人にすぎない仮想的状況をいちいち考えるのだろうか（ずいぶん忙しい！）。それに、そういう状況を考えたとしても、Sが私である現実は動かない。はて、では、この問題を（独我論者でない）ふつうの人のほうはどう解決しているのだろうか。

二点ほど補足しておきたい。第一点は、「痛み」について述べてきたことはストレートに「私」についてもいえる、ということである。「自痛み—他痛み」言語と「実痛み—虚痛み」言語の対比を、「自私—他私」言語と「実私—虚私」言語の対比と、比較していただきたい。同じ議論がより直接的に反復されるであろう。

第二点は、言葉づかいという点から見るとむしろ、「自」と「他」の関係は逆転不可能だが、「実」と「虚」は逆になってもよい、といえるということである。独我論者は、実際の痛みと痛みのふりの区別とは別に、自分の痛みと他人の痛みを区別しなければならなかったが、その際、自分の側に「実」を割り振り、他人の側に「虚」を割り振る必然性はないのだ。最初の黒崎氏の分類でも、自分の側を正当に「痛み」と呼んで、他人の側を「イダミ」と（正当でない呼び方で）呼ぶ必要はない。むしろ逆に、他人の痛みはみなごくふつうに正当に「痛み」と呼ばれるべきものであるが、自分のはまったく比類のない不思議なものだから、通常の言葉には存在しない「イダミ」とでも呼んでおこう、と考えても不思議ではない。したがって「実」と「虚」の対比に戻っていえば、他人の側のを「実痛み」と呼んで自分の側のを「虚痛み」と呼びたくなっても、べつに独我論に反するところはない。(そもそも独我論には、ウィトゲンシュタインに反して、言語的意味などを味方につけねばならない理由はない。)

21 「この紙はあこくない」

W 「私だけが実際に見ている」という句は、「他人がある物に目を向けているとき、彼に実際に何が見えているのか、われわれは決して知りえない」や、「われわれが「青」と呼ぶのと同じものを彼が「青」と呼んでいるのかどうか、われわれは決して知りえない」といった主張に表われている考えと密接につながっている。実際、われわれは次のように論じるかもしれない。「私は、彼が何を見ているのか、いやそもそも見ているかどうか、決して知りえない。私に与えられているのは、彼が私に示すさまざまな種類の身振りだけだからである。それゆえ、彼が見ているというのは必然性のない仮説にすぎない。見るとは何であるかを、私はただ自分が見ることによってのみ知っている。私は「見る」という語を、ただ私がすることを意味する言葉としてのみ学んだ。」もちろん、これは真実からはほど遠い。というのは、私は間違いなく、「見る」という語について、いま述べたのとは違う、もっとずっと複雑な使い方を学んだからである。

いくらか異なった領域から例をとって、私がそう述べた際に私を導いていた傾向性を明らかにしよう。こういう議論を考えてみよう。「この紙は赤くないなら、どうしてそれが赤かったならと願うことができるのか。その願望はまったく存在しないものを願っているのではないか。それゆえ、私の願望に含まれているのは、その紙が赤いことに似た何かにすぎない。それゆえ、何かが赤かったならという願望について語るときは、「赤」の代わりに別の語を使うべきではないか。願望の心像は、その紙が実際に赤い場合よりも、はっきりしない、ぼんやりした何かを示しているのだから。それゆえ、「この紙が赤かったならと願う」とは言わずに、「この紙にぼやけた赤を願う」といったような言い方をすべきである。」しかしもし、彼がふつうの言い方で「私はこの紙にぼやけた赤を願う」と言ったなら、彼の望みをかなえてやるには、その紙をぼやけた赤に塗るはずである。――そして、これは彼が望んだことではない。

他方において、「私はこの紙にぼやけたxを願う」という句を、つねに彼が「私はこの紙がx色であることを願う」によって通常は表現されていることを意味するために使う、ということをわれわれが知っているかぎり、彼が推奨する表現形式を採用することに何の異論もない。彼が言ったことはじつは自分の表記法の――推奨されうるという意味での表記法の――推奨だったのである。しかし、彼はわれわれに新しい真理を告げたわけではなく、また、われわれが今まで言っていたことが誤りであることを示したわけでもない。

（これらすべてのことは、この問題を否定の問題と結びつける。ヒントだけ与えるために言うなら、次のような表記法が可能であろう。大雑把にいえば、一つの性質がつねに二つの名前を持ち、一方は何かがその性質を持つと言われる場合に使われ、他方は何かがその性質を持たないと言われる場合に使われる、というような表記法である。そうすると、「この紙は赤い」の否定は、たとえば、「この紙はあこくない」のようになりうる。このような表記法は、日常言語によって拒絶され、ときに否定の観念にかんする哲学的困惑の痙攣を引き起こすわれわれの願望のいくつかを、現実に満たすであろう。）

（原60　全110　文138　黒101）

N　原文では長い一段落だが、三つの段落に分割してみた。最初の段落について、ぜひとも注意していただきたいことがある。ここで扱われているような、「見る」等の心理的な語の意味が私的体験から学ばれるという主張は、独我論とは独立である、ということである。このような説を信じていても（これを各人についての主張とすることで）まったく独我論にコミットしないことはできるし、逆に、独我論者でも、このような学説には少しも共感を感じないことが（これまで何度も論じてきたように）できる。しかし、そのことによって、この段落の前半で語られていることが無意味になるわけではない、という点が重要である。それは結局、「私にかんして「見る」と言われることと、他人にかんして「見る」と言われることとは、驚くほど違うことだ！」と言っているのであって、それはその通りだからである。しかし、問題は、この事実をどう解釈するか、である。ここでもまた、前回のコメントにおいて導入した表記法を使うなら、「自見る」と「他見る」という対立と「実見る」と「虚見る」という対立とを、対立の仕方にかんして対立させてみることが重要である。そうしなければ、この問題は少なくとも独我論とはつながらない。

次の段落で論じられていることは、この連関から言うと、「現実の場合に「赤い」と言われることと、願望の場合に「赤い」と言われることとは、驚くほど違うこととだ！」ということである。例の表記法をまた用いるなら、「現赤」と「願赤」である。つまり、ここには「実―虚」にあたる対立しかなく、それを「自―他」のような反転可能な対立に読み換えるシステムは働かない。強いて類似の場合を想定するならば、最初の願望が別の願望の内部に埋め込まれる場合であろう。たとえば、紙が現実に赤い状況を想定して、（そういう状況ではもはや「赤かったなら」などと願うことはできないから）「この紙が赤かったならと願えたなら」と願うことができる。いうまでもないことだが、そうすることによって紙が現実に赤くなったりはしない。とはいえ、紙が現実に赤い状況でも、（そういう状況でもやはり「赤かったなら」と願うことはできないから）まったく同じように「この紙が赤かったならと願えたなら」と願うことができる。とはいえ、ふたたびいうまでもないことではあるが、そのことによって前者の仮想的状況が後者の現実の状況と一致するわけではない。この多重願望において、「ぼやけた赤」（あるいは「願赤」）はもっとぼやけて「ぼやけたぼやけた赤」」（あるいは「願「願赤」」）になりはしても、「赤」（あるいは「願赤」）に戻りはしない。

「実―虚」と「自―他」の対立にかんしては、われわれのおこなっている言語ゲームには、絶対的な「実―虚」の対立がどこまでも相対化されて「自―他」の対立に読み換えられていくシステムが内蔵されていたが、「現―願」の対立の場合にはそんなことはなく、むしろ絶対的な「実―虚」にあたる絶対的な「現―願」対立がどこまでも残り続ける（ことがわれわれのゲームに内蔵されている）わけである。現実と願望の対立は相対化されることなく、絶対的な現実は絶対的な現実のままである。「他の現実」は存在せず、現実性にかんしては、いわば独我論側が（つまり独現論が）勝利するわけである。

ところで、ここでちょっと用語上の注意を促しておきたい。よく知られているように、カントは、現実に存在する一〇〇ターレルとたんに願望されたにすぎない一〇〇ターレルとは、そのレアリテートにおいては同一であると主張した（『純粋理性批判』A599/B627）。それをここでのウィトゲンシュタインの議論にあてはめるなら、現実の「赤」と願望された「赤」は、そのレアリテートにおいてはまったく同じ「赤」であって、「ぼやけた赤」と表現されうるようなレアリテートにおける違いはない、ということである。ところで、この「レアリテート」という語は英語の「リアリティ」である。ウィトゲンシュタインの用語法ではむしろ、現実の「赤」と願望された「赤」には、そのリアリティにおける違いが大いにあって、現実の「赤」だけが端的に実在する（リアル）。独我論を表現する場合にも、ウィトゲンシュタインは「私の痛みだけが実在する（リアル）」といった表現の仕方をしていた。しかし、カント的に表現すれば、私の痛みも他人の痛みもそのレアリテートにおいては同一である（つまり同じリアリティを持つ）と言えることになる。

現実の赤や私の痛みの特権性はレアリテートにおいては表現されない、というのがカントの主張、というよりカントの用語法である。私はこれまでの諸著作において、「レアリテート」やその形容詞形の「レアール」を「事象内容（的）」等と訳し、このカントの用語法に従って、現実の赤と願望の赤、私の痛みと他人の痛みは、その事象内容（レアリテート）においてはまったく同一である（ただしそれぞれ後者は現実性（アクトゥアリテート）を欠く）というような語り方をしてきた。私の用語法でウィトゲンシュタインの独我論を表現すれば、「私の痛みだけが現実的（アクチュアル）である」ということになる。ウィトゲンシュタインとのこの用語法の違いに注意していただきたい。

ところで、カントの議論のポイントは、この意味での現実性（私の用語ではアクトゥアリテートだがカントではヴィルクリッヒカイト）の有無は決して事象内容（レアリテート）として表現されることはない、というところにある。「ぼやけた赤」といった表現は、現実性（アクトゥアリテート）にかんする差異を事象内容（レアリテート）における差異として表現しようとしたものだとすれば、じつは無意味なのである。なぜなら、願望における赤の心象が「ぼやけて」いるかどうかは、それが願望であることの本質と無関係だからである（だから願望における赤の心象は青くてもかまわない）。赤の願望は、それを願望するという仕方で、ただ赤そのものとのみ関係する。ゆえに、「この紙にぼやけた赤を願う」といった表現は成立しえない。それは、ウィトゲンシュタイン的にいえば、絵には描き込めないものを絵に描き込んでしまっているからである。

カントは、願望された一〇〇ターレルが現実に存在する一〇〇ターレルと（レアリテートにおいて）まったく同じでなければ、その願望が実現する（その願望されたものが現実に存在するようになる）ということが成り立たなくなる、と言った。したがって、「現実に存在する」とはまったく特別の述語であるから、アンセルムスやデカルトのおこなった、神の存在にかんするいわゆる存在論的証明は成り立たない、というのがカントがそこで言いたかったことである。存在論的証明とは、「現実に存在する」という述語をレアールな述語とし、「神」の本質に「現実に存在する」という規定が含まれているところから、神が現実に存在することを証明しようとするものだからである。この連関にはきわめて興味深い問題が含まれているのだが、それについて論じていると長くなるので、いまは触れない。ともあれ、同じことは「赤」についてもいえて、願望された赤が現実に存在する赤と（レアリテートにおいて）まったく同じなのでなければ、「赤かったなら」というその願望が実現して実際に「赤く」なる（その願望されたことが現実に存在するようになる）という関係が成り立たなくなってしまう、といえる。

第三段落で問題にされる否定にかんしても、まったく同じことがいえる。「赤い」の否定は「赤くない」でなければならず、否定だからという理由で「あこくない」と表現することはできない。「赤い」の否定は、それを否定するという仕方で、ただ「赤い」こととのみ関係する。ゆえに、「この紙はあこくない」といった表現は成り立ちえない。それは、ウィトゲンシュタイン的にいえば、絵には描き込めないものを絵に描き込んでしまっているからである。

しかし、否定の場合には、「実―虚」の対立と「自―他」の対立の違いにあたるものがあることに注意すべきである。赤い紙を指して「この紙は赤くない」と言えば、その発言は偽であり、その紙はじつは赤い。これは現実と非現実という、反転不可能な絶対的な対立である。そもそも世界には肯定的な事実しか存在しない（世界はそれ自体としてはこうであるだけであって、どうでなくもない）のだから、否定とはそれらの事実に反した間違ったことを言うことでしかない、と考えることができる。この場合、肯定と否定の対立は「実―虚」の絶対的な対立に対応している。つまり、他人が痛みを感じたり、私であることはありえないことに対応している。

しかし、肯定と否定の対立はこの絶対的な関係から自立し、「この紙は赤くない」とは（現にそれは赤いという現実とは無関係に）とにかくその紙が赤いことを否定することだ、と考えられるようになる。これは、「私」とはそう発話する当人のことで、「私は痛い」とはそう発話する当人が痛いということだ、という発想と対応する。そして「この紙は赤くない」は（現にそれは赤いという現実とは無関係に）それが赤くない場合には真である、と考えられるようになる。これは、「私は痛い」とはそう発話する当人が痛いことを意味する、という発想と対応する。もっとも、多くの人は、現実に赤いという種類の絶対性は（相対化せずに）認めるにもかかわらず、現実に私であるという種類の絶対性は認めずに、それを最初から、各人にとって各人が私であるという発想に相対化してしまう傾向があるので、ここに対応関係を見ること自体がうまくつかめないかもしれない（しかし、それこそが独我論という発想の真髄である）。

この連関で是非とも言及すべきであるにもかかわらず、ウィトゲンシュタインがここで触れていない問題は時制である。すなわち、一つの性質がつねに三つの名前を持ち、一つは何かがその性質を持ったと言われる場合に使われ、もう一つは何かがその性質を持っていると言われる場合に使われ、さらにもう一つは何かがその性質を持つだろうと言われる場合に使われる、というような表記法もまた考えられるだろう。そうすると、「この紙は赤い」の過去形は、たとえば「この紙はあくかった」となり、「この紙は赤い」の未来形は、たとえば「この紙はあけいだろう」となりうる。あるいは、過去の記憶の心像は、その紙が現在赤い場合よりもぼんやりしているから「この紙はぼやけた赤だった」と言い、未来の予期の心像は、それよりももっとぼんやりしているから「この紙は非常にぼやけた赤になるだろう」と言うべきである、ということになるかもしれない。

もちろん、願望や否定の場合と同様、このようなことはいえない。過去や未来における「赤い」は、それが過去であったり未来であったりするという仕方で、ただ「赤い」ことにのみ関係するからである。その心象がぼんやりしているかどうかは、過去であることや未来であることの本質とは関係ない。これまた、絵には描けない関係なのである。

しかし、否定の場合と同様、時制に関しても、「実―虚」の対立と「自―他」の対立の違いにあたるものが存在することに注意しなければならない。それがすなわち、マクタガートによって導入されたA系列とB系列の対立であり、「実―虚」に対応するのがA系列、「自―他」に対応するのがB系列（相対化されたA系列としての）である。

実際、たとえば「この紙はあくかった／赤い／あけいだろう」の区別はどう使えばよいのだろうか。もちろん、過去にかんしては「あくかった」を、現在にかんしては「赤い」を、未来にかんしては「あけいだろう」を、それぞれ使えばよい、と思われるかもしれない。しかし、その過去、現在、未来とはいつのことなのか？　それは、人間の中でどれが私でどれが他人であるかは端的な事実であって、観察によらずに直接的に知ることができるのと同様に、観察によらずに直接に知ることができる、と思われるかもしれない。それはその通りであるが、しかし、「私は痛い」がその意味で私でない人でも、「私は痛い」と言うことができて、それはそう発話する当人（その人にとっての「私」）が痛いことを意味し、「この紙は赤くない」が、現実に赤いかどうかとは独立に、とにかくその紙が赤いことを否定することであるのと同様に、「この紙はあくかった」は、現実にそれが過去であるかどうかとは独立に（つまり現実には過去でなくても）、それがある時点から見てそれ以前（つまりその時点にとっての、過去）である場合に赤いことを意味する、とみなされうるのでなければならない。当然、「この紙はあけいだろう」は、現実にそれが未来であるかどうかとは独立に、ある時点から見てそれ以後（つまりその時点にとっての未来）である場合に赤いことを意味するのでなければならないことになる。そうでなければ、この言語は使えないからだ。

これはつまり、「実―虚」は「自―他」に還元されることを意味しており、「あくさ」「あけさ」の想定が無意味であることを示している。それは「実―虚」の対比を言語表現に乗せようとする（絵に描こうとする）ものだからである。とすれば当然、同じことは私と他人の関係についてもいえる。願望や否定や時制（過去や未来）の場合と同様、他人は私と同じ意味で「痛み」を感じるのであって、「イダミ」を感じたりはしない。そのような差異として表現できるような種類の差異（つまり、レアリテートにおける差異・レアールな差異）は、そこには存在しない。（存在論的証明が成り立たないゆえんでもある。）

だからといって（つまりここにレアールな差異がないからといって）、現実の現在というものが存在しないと考えるわけにはいかない。現実の現在だけを「現在」と呼んで、他の、その時点におけるその時点は「ケンザイ」や「ぼやけた現在」と呼ぶなどという区別の仕方はできないにもかかわらず、その区別はやはり存在する。そこに存在するのは、そういう事象内容（レアリテート）にかんする内容的な差異ではなく、ただもっぱら現実性（アクトゥアリテート）における差異である。もちろん、私と他人の場合も同じである。現実の私だけを「私」と呼んで、他の、その人にとってのその人は「ワダジ」と呼ぶ。そういう区別の仕方は決してできないにもかかわらず、その区別はやはり存在する。そこに存在するのは、そういう事象内容（レアリテート）にかんする内容的な差異なのではなく、ただもっぱら現実性（アクトゥアリテート）における差異だからである。「実—虚」関係は、「自—他」関係に還元されない現実性（アクトゥアリテート）の問題次元を示していると考えなければならない。それは、時間に関しては、A系列はB系列に還元されない現実性（アクトゥアリテート）の問題次元を示しているということである。そして独我論の問題もまた、どこまでも事象内容（レアリテート）には表現されえない現実性（アクトゥアリテート）とは何か、という問題の一種であると考えねばならない。

22 「私の頭を彼の頭の中に突き刺して……」

W「彼が自分には青い部分が見えていると（誠実に）語るとき、私は彼に見えているものを知ることができない」と言って表現される困難は、次のような考えに由来する。「彼に見えているものを知る」とは「彼にも見えているものを見る」ということを意味している。とはいえしかし、われわれの眼前に同一の対象があって、われわれ二人にそれが見える、という意味においてではなく、見えている対象は、いうなれば彼の頭の中に、あるいは彼の中にある対象で、私がそれを見る、という意味においてである。つまり、同一の対象が彼と私の眼前にあるかもしれないが、しかし私は、私の頭を彼の頭の中に（あるいは、同じことではあるが、私の心を彼の心の中に）突き刺して、彼の視野に実在する直接的な対象が私の視野に実在する直接的に見象でもあるようにすることができない、ということが問題なのである。「えているものを知らない」は、じつは「私は彼が目を向けているものを知らない」の意味で言われているのだが、この場合「彼が目を向けているもの」は隠されていて、彼は私にそれを示すことができない。それは、彼の心の目の前にあるのだ。それゆえ、この謎を取り除くためには、「私は彼に見えているものを知らない」と「私は彼が目を向けているものを知らない」のあいだの文法的差異が、われわれの言語におけるそれらの実際の使われ方に即して、検討されなければならない。

（原61　全111　文141　黒103）

N この箇所では、see（見える）と look at（目を向ける）の用法の違いを検討すべきだとされているが、この課題は実行されず、次の段落からは主題そのものがいわゆる人格の同一性の問題に移行している。もっとも、私には、このような言語分析をおこなうことによって、「この謎を取り除く」ことができるとは思えないのではあるが。

23　独我論と記憶——偶丸奇森の思考実験

W時々、われわれが論じている独我論の最も納得のいく表現はこうであるように思える。「およそ何かが見られている（実際に見られている）なら、それを見ているのはつねに私である。」

この表現でわれわれをとらえるのは、「つねに私」という句である。つねにだれなのだろう？　というのは、奇妙なことには、私は「つねにルートウィッヒ・ウィトゲンシュタインである」と言いたいのではないからである。このことはわれわれに人格の同一性の基準を考えさせる。どんな状況下で「この人は一時間前に会った人と同じ人だ」と言うだろうか。「同じ人」という句や人の名前の現実の使い方は、同一性の基準として使われている多くの特徴がたいていの場合符合するという事実に基づいている。私は、概しては、身体の見かけによって識別されている。私の身体の外見は、ゆるやかにしか、そして比較的わずかにしか変わらず、同じように、私の声、特徴的な習慣、等々も、ゆっくりとせまい範囲内でしか変わらない。われわれが人名をいつも現に使っているような仕方で使うようになっているのは、こうした事実のおかげにすぎない。このことが最もよく分かるのは、もしこうした事実が違っていたらわれわれはどんな違った「幾何学」を使うようになっていたか、をわれわれに教えてくれるような架空の諸事例を想像してみた場合である。たとえば、次のような場合を想像してみよう。存在する人間の身体はどれも同じように見えるのだが、他方で、色々な特徴の組がそれらの身体のあいだでいわば住居を変えていくように見える、という場合である。特徴の組とは、たとえば、甲高い声とゆったりした動きをともなった穏やかさとか、太い声で発作的に動く怒りっぽい気質とか、そういったものである。このような状況下でも、ひとつひとつの身体に名前をつけることは可能ではあろうが、食堂の椅子にひとつひとつ名前をつける気にはならないのと同様、たぶんそうする気にはなるまい。これに対して、特徴の組のほうにひとつひとつ名前をつけることは有用でありえ、その場合は、それらの名前の使い方はわれわれの現在の言語における人名の使い方に大雑把に対応するであろう。

あるいはまた、次のような場合を想像してみよう。人間がみな二つの人格をもつのがふつうであって、人々の姿形、大きさ、行動特性は周期的にすっかり変化する、という場合である。一人の人間がそのような二つの状態をもつのはふつうのことであって、一人の人間は突然一つの状態から脱してもう一つの状態へ入る。そういう社会では、各々の人に二つの名前をつけて、その身体の中にいる一対の人格について語りたくなるに違いない。さて、ジキル博士とハイド氏は二人の人物だったのか、それとも、ただ変化するだけの同一人物だったのか。どちらでも好きなように言ってよい。二重人格について語るよう強いられてはいないのである。

「人格」という語には、われわれが採用したいと感じる多くの使い方があるが、どれも多かれ少なかれ似ている。記憶によって人格の同一性を定義する場合にも、同じことがいえる。こういう人物を想像してみよう。彼の偶数日の記憶は、奇数日に起こったことはすべて飛ばして偶数日の出来事だけを覚えている。そして奇数日には、奇数日に起こったことは覚えているが、不連続感なしに偶数日の出来事は飛ばされている。もしもそうしたければ、奇数日と偶数日で彼の見かけや性格も変わる、と想定することもできる。こういう場合には、同一の身体に二人の人が住んでいると言わざるをえないのか。つまり、住んでいると言うのが正しく住んでいないと言えば間違いなのか。あるいは、その逆なのか。どちらでもない。なぜなら、「人格」という語の通常の使われ方は、通常の状況のもとで使われるにふさわしい合成的使用法とでも呼ばれうるものだからである。いまそうしているように、こうした状況が変化したと想定すれば、「人」や「人格」という語の使い方はそれによって変わる。そして、もしこの語を保持して、しかもこれまでと類似した使い方をしたいと願うなら、多くの使い方のあいだで、すなわち、多くの異なった種類の類似性のあいだで、自由な選択をすることになる。そのような場合、「人格」という語には唯一の正統な継承者がいない、と言ってもよい。（この種の考察は、数学の哲学において重要である。「証明」、「式」などの語の使い方を考えてみよ。また、「なぜ、われわれがここでおこなっていることは「哲学」と呼ばれるべきなのか。なぜ、それはかつてこの名で呼ばれていたさまざまに異なる活動の唯一正統な継承者とみなされるべきなのか」という問いを考えてみよ。）

（原61　全112　文142　黒104）

N 人格の同一性をめぐる三種の思考実験がなされている。第一は、特徴の組の身体間引越しの思考実験。第二は、一身体における二人格の周期的出現の思考実験。第三は、一身体における二記憶系列の周期的出現の思考実験。そして、こうした通常とは異なる状況では、「人」や「人格」という語をどのように適用すべきかは決定できない、ということが言われている。

ここで言われていること自体は正しく、また傾聴に値する見解だともいえる。しかし、これらはいずれも、最初に問題提起された、「独我論の最も納得のいく表現」である「およそ何かが見られている」における「つねに私」(実際に見られている)なら、それを見ているのはつねに私である」における「つねに私」が「つねにだれ」であるのかを解明する、という課題には答えていない。すなわち、なぜ「つねにルートウィッヒ・ウィトゲンシュタインである」ではなく「つねに私である」と言いたいのか、という中心的な問いに答えるのには成功していないし、それに答えうる方向に肉薄してもいない。

では、どのような思考実験をすべきなのか。当然、こうであろう。第一の、特徴の組の身体間引越しの場合でいうなら、その「太い声で発作的に動く怒りっぽい気質」という特徴の組はなぜか私自身であり、「甲高い声とゆったりした動きをともなった穏やか」な特徴の組は私の友人の一人である、というような想定。第二の、一身体における二人格の周期的出現の場合なら、私はなぜかジキル博士であって、この身体が連続的にハイド氏という私の知らない人に変化することを知っている、というような想定。また第三の、一身体における二記憶系列の周期的出現の場合なら、私はなぜかその偶数日の側であって、奇数日に起こったことを覚えている方は他人(私でない人)であるという想定。

もしこのような想定がなされたなら、ウィトゲンシュタインの「合成的使用法」説は説得力を失うだろう。「人格」と違って、この意味での「私」は「合成的」ではないからだ。私ともう一方の人物とを同一人物とみなすかどうかは、ウィトゲンシュタインの言うとおり、「自由な選択」の問題であろうが、しかし、どちらが私であるかはあまりにもはっきりしており、そこに「自由な選択」の余地はない。そして、このような方向に考えを進めていくことこそが、なぜ「つねにルートウィッヒ・ウィトゲンシュタインである」ではなく「つねに私である」と言いたくなるのか、という中心的な問いに答える方向に肉薄していくことなのである。真の問題はむしろ、その方向に進んだ後に立てられねばならない。

たとえば、第三の想定を少しアレンジしてみよう。私は偶数日と奇数日で違う人になる。偶数日は丸山花子、奇数日は同じクラスの男の子である森田宇宙。偶数日には丸山花子の目からしか世界が見えず、丸山の身体しか殴られて痛くなく、もちろん丸山の身体しか動かせない。森田が殴られても痛くも痒くもないが、偶数日であっても、森田は森田で実在し、ふつうに意識や自由意志を持っている（であろう）。記憶にかんしては、いつも二人の記憶を持っているのだが、自分が丸山花子のときは森田の記憶は前日までの分しかなく、自分が森田宇宙のときは丸山の記憶は前日までの分しかない。ところが、あくる日になると、私は森田の身体となって森田の全記憶を

（昨日の分を含めて）持った状態で森田の家で目覚め、森田宇宙としての一日を生きる。この時にももちろん丸山の前日までの記憶は持っている。

私と彼とは同一人物であろうか。ここでも、同一人物とみなすかどうかは、ウィトゲンシュタインの言うとおり「自由な選択」の問題であるが、私にとって、今日、三月二十四日の彼は私でない。これはまったくはっきりしている。もし名前をつけるなら、私は「偶丸奇森」であって「偶森奇丸」ではない。彼は逆に、「偶森奇丸」であって「偶丸奇森」ではない。問題は、私と彼との違いは、偶丸奇森さんと偶森奇丸くんの違いなのか、その違いにほかならないのか、にある。偶丸奇森さんと偶森奇丸くんの違いは、彼らが二人とも他人だったとしても、他人どうしの差異として成り立つ。それはすなわち、人格の同一性の問題である。しかし、私と偶森奇丸くんの違いはその違いに還元されない（その違いにほかならなくない）。なぜなら、ここでは「同一」とみなされる可能性はそもそも存在しないからである。ここには、私と私でない人という最も重要な差異が――しかし他人たちにとっては無意味な差異が――存在するからである。これがすなわち、レアリテートにおいては現われえないアクトゥアリテートにおける差異であり、独我論的な問題である。

この差異は、一方では偶丸奇森と偶森奇丸の差異に還元されないが、他方では独我論者とその他の人々の差異にも還元されない。このことは、さらに二つの思考実験を加えることで明らかになる。第一。なぜだか偶丸奇森である私は、このきわめて特殊な境遇とはまた別に、奇遇なことにたまたま独我論者でもあったとする。「およそ何かが見られているなら、それを見ているのはつねに私である」と言う私に対して、それはつまり「およそ何かが見られているなら、それを見ているのはつねに偶丸奇森である」ということか、と問われたなら、私はそれを否定せざるをえない。すでに述べたように、私であることの基準は偶丸奇森であることとは独立だからである。第二。しかし私にはたまたま同型の友人がいる。偶森奇丸である。私が彼（女）に私の思想を語れば、彼（女）は私に同意するかもしれない（少なくともふつうの人々よりは説得がしやすい）。その場合、彼（女）と私は同じ見解をもったのか。もちろん、そんなことはない。通常の場合でも、独我論者が他の独我論者と同じ見解をもつことはない。他人の独我論は独我論に反するからであるが、その意味するところは、一神教の神どうしが「一神教の神々」として認め合うことができないことと同じことであるだけでなく、右翼（国粋主義者）が他国の右翼（国粋主義者）と同志たりえないこととも同じことなのである（当然のことながら右翼は世界中が自国だなどとは思っていない）。

がしかし、この想定には少なくとも二つの（数え方によっては三つの）問題がある。第一に、二人の別の主体の記憶を両方（記憶として）持つことがそもそも可能だろうか。この二人はもちろんある状況で相手の意図を誤解することができる。しかし、その状況を両方いっぺんに（自分の記憶として）思い出すとすると、そのことで別人として体験した心理的事実そのものは思い出せなくなるのではないか。ということは、二人の人間の体験を記憶することはできないということではないか。

第二に、もしこの問題が何らかの仕方で克服されたとして、相手の記憶を前日までの分しか持てないという想定は何のために必要なのか。記憶を完全に共有してしまうと、偶数日には丸山花子の目からしか世界が見えず……という想定にもかかわらず、偶数日にも私は丸山と森田の両方であることになってしまう、とも考えられるからだ。偶数日には、森田にかんしてはもちろん記憶だけ持つのだから、森田が殴られた痛みは感じないはずなのだが、しかし感じるのと同じことになってしまわないか。

そして（第二と同じ問題だともいえるが）第三に、私は自分が偶丸奇森であるとどうして分かるのか。そもそも私は本当に偶丸奇森であるのか。私と私でない側の差異はつねに確在するにもかかわらず、そして私は偶数日には丸山で奇数日には森田であるという事実があるはずなのにもかかわらず、私が偶丸奇森であるなどという事実はなく、そもそも偶丸奇森などという人格連続体は（もちろん偶森奇丸などという人格連続体も）存在しないであろう。

こうしたことが、論じられるべき問題でなければならないはずである。

こうしたことが論じられていないために、後のウィトゲンシュタインの議論にある不明確さをもたらしている点も指摘しておこう。この後の議論のプロセスで、彼は何度も独我論の「私」を「ルートウィッヒ・ウィトゲンシュタイン」に置き換えることを拒否している。それ自体は当然のことでもあれば、また重要なことでもあるのだが、肝心のその「ルートウィッヒ・ウィトゲンシュタイン」が何を意味するのかが、明確ではないのだ。

他人から認知可能なのはルートウィッヒ・ウィトゲンシュタインにすぎず、それが私であることなどは他人から認知不可能である、という対比が問題にされるわけだが、しかし、他人から認知可能な対象であることとも、それが私であることとも、どちらとも別に、ただ記憶の観点から、ルートウィッヒ・ウィトゲンシュタインとしてのまとまりを持った心理的連続体というものが考えられるはずである。独我論者は、そのルートウィッヒ・ウィトゲンシュタイン連続体の意味でならば、「何が見えていようと、見ているのはつねに私である」のような独我論表明を「何が見えていようと、見ているのはつねにルートウィッヒ・ウィトゲンシュタインである」で置き換えてよいのか、が問題になる。そして、もしこれを拒否するのであれば(拒否するはずだが)、その「つねに」という時間的表現は何を意味しうるのか、という問題が残る。もちろん、およそ何かが見えるということは私にしか起こりえないのだから、「つねに」そうだと言って悪いことはない。とはいえ、過去においてもそうだった、未来においてもそうであろう、ということを、その「私」にいかなる内的連続性も想定せずに——ともあれそれは必ず私でしかありえないという形で——主張するとすれば、それはかなり空虚な主張にならないであろうか。

繰り返すが、こうしたことが論じられるべき問題でなければならないはずなのである。

W

24 幾何学的な目と幾何学的な記憶

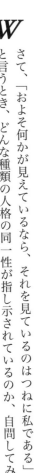

さて、「およそ何かが見えているなら、それを見ているのはつねに私である」と言うとき、どんな種類の人格の同一性が指し示されているのか、自問してみ

よう。私がこのように言うとき、見えることのこれらすべての事例が共通に持っていて欲しいと私が思っているものは何だろうか。一つの答えとして、それは私の身体の外見ではない、と自分に告白しなければならない。私が何かを見ているとき、いつも私の身体の一部も見えているわけではない。そして私の身体は、もし見えている諸事物の中に見えているとしても、つねに同じものとして見えていなければならないわけではない。事実、私はそれがどんなに変化しても気にしない。そして私は、私の身体のもつあらゆる性質について、私の振舞の特徴について、そして私の記憶についてさえも、同じように感じる。そのことについてもう少しじっくり考えてみると、私の言いたかったことは「およそ何かが見えているときにはつねに、何かが見られている」ということであったことが分かる。すなわち、見えているという全体験を通じて連続していると私が言ったものは、「私」という何らかの特定の存在者ではなく、見えるという体験それ自体であったのだ、と分かるのである。

例の独我論的言明をする際に、「私」と言うときに自分の目を指さす人を想像すれば、このことはもっとはっきりするかもしれない。（おそらく彼は正確であろうとして、どの目がいま「私」と言っている口のそれであり、いま彼自身の身体を指さしている手のそれであるかをはっきりさせたくて、そうしたのである。）しかし、彼は何を指さしているのか。物理的対象としての同一性をもった個体としての目か。（この文を理解するためには、物理的対象を表わすといわれる語の文法は、「同じこれこれ」や「同一のこれこれ」——ただし「これこれ」は物理的対象を指す——という句の使われ方によって特徴づけられる、ということを思い出さねばならない。）すでに述べたように、彼はまったく個体としての物理的対象を指さそうとしてはいなかった。彼が意味のある言明をしたと思われるなら、それは「幾何学的な目」と呼ばれるべきものと「物理的な目」と呼ばれるべきものの混同に対応するある混同から引き起こされている。この二つの語の使い方を示そう。「自分の目を指さしなさい」という命令に従おうとするならば、多くの異なるやり方があろうし、自分の目を指さしたといえるための基準にも多くの異なったものがある。それらの基準が通常そうであるように符合するならば、自分の目に触ったことを証明するのに、それらのどれを使ってもよく、またさまざまに異なる組み合わせで使ってもよい。しかし、それらの基準が符合しない場合には、「私は自分の目に触る」や「私は指を自分の目の方向へ動かす」という句の異なる意味を区別しなければならないであろう。たとえば、目を閉じていても、手を目のほうへ上げるという運動感覚的体験と呼ぶべき特徴的な運動感覚的な体験を、私は自分の腕に感じることができる。私がそうすることに成功したということは、手が目に触ったという独特の触覚によって確認されるであろう。しかし、私の目の前にガラス板が立てられ、指で目が押せないようになっていたとしても、私の指はいま私の目の前にあると私に言わせる筋肉感覚の基準があるだろう。視覚による基準にかんしては、受け入れられるものが二つある。私の手が上がって目の方向に来るのが見える、という日常的体験が存在するが、これはもちろん、二つの物が、たとえば二本の指先が出合うのが見えるという体験とは違う。しかし他方で、私の指が私の目の方向に動くことの基準として、鏡を見ると、私の指が私の目に近づいているのが見えるということを使うこともできる。私の身体にある、われわれが「見る」と呼ぶことをするその場所が、第二の基準によって、私の指を私の目の方向に動かすことによって決定されるべきであるとすれば、私は、他の諸基準によれば、鼻先や額で見ることになるかもしれない。あるいは、このやり方で、私は私の身体の外にある場所を指さすことになるかもしれない。だれかに第二の基準だけによって自分の目を指さしてほしいとき、私はこの意向を「あなたの幾何学的な目を指さしてください」と言うことによって表現することにする。「幾何学的な目」という語の文法は「物理的な目」という語の文法に対して、「木の視覚的感覚与件」という表現の文法が「物理的な木」という表現の文法に対するのと同じ関係にある。いずれの場合も、一方は他方と種類の違う対象であると言うことは、すべてを混乱させる。なぜなら、感覚与件は物理的対象とは種類の違う対象だと言う人は、数は数詞とは種類の違う対象だと言う人とちょうど同じように、「種類」という語の文法を誤解しているからである。彼らは、「列車、駅、車両は、種類の違う対象である」といったような言明をしていると思っているが、じつは彼らの言明は「列車、事故、鉄道法規は、種類の違う対象である」という言明と類比的なのである。

（原63　全114　文145　黒107）

N　長い一つの段落を、物理的な目と幾何学的な目の話に入る前と後で段落を区切ってみた。後半の物理的な目と幾何学的な目の話は、前半の議論の例解である。もちろん、よい例解になっているかどうかはまた別問題ではあるが。

まず、前半について。ウィトゲンシュタインは身体にかんして、「もし見えている諸事物の中に見えているとしても、つねに同じものとして見えていなければならないわけではない。事実、私はそれがどんなに変化しても気にしない」と言っている。もちろん、ふつうの意味では、見えている自分の身体が変なふうに変化したら「気にしない」ことはありえないが、しかし、それが「見えている」ということにかんしては、見えている自分の身体がどんなに変化しても「関係ない」ことははっきりしている。見ているあいだに、私の身体の外見が安倍晋三の身体の外見に変化したとしても、その情景が見えている唯一のものであることに変わりはなく、したがってその意味で、その情景が私によって見られていることに変わりはない。したがって、私がだれであるかに関係なく、およそ何かが見えているなら、それを見ているのはつねに私である。（したがって、この基準によって、「私とは見えている情景を見ている者のことである」と「私」を定義することができる。そして、私がだれであるかによっては、そしてまた、人間のもつ一般的な反省機能によっては、「私」を定義することはできない。問題はむしろ、われわれがみな実際にこの基準を使っているというところにのみある。）

　ところでウィトゲンシュタインは、これに続けて「そして私は、私の身体のもつあらゆる性質について、私の振舞の特徴について、そして私の記憶についてさえも、同じように感じる」と言う。注目すべきは「私の記憶についてさえも」である。先ほど私は、「見ているあいだに、私の身体の外見が安倍晋三の身体の外見に変化したとしても、その情景が見えている唯一のものであることに変わりはなく、したがってその意味で、その情景が私によって見られていることに変わりはない」と言ったが、上のウィトゲンシュタインの発言が正しければ、これの記憶バージョンも成り立つことになる。すなわち、「見ているあいだに、私の記憶が安倍晋三の記憶に変化したとしても、その情景が見えている唯一のものであることに変わりはなく、したがってその意味で、その情景が私によって見られていることに変わりはない」、といえることになる。もちろん、いえはする。とはいえ、ここにはウィトゲンシュタインが論じていない大問題が存在するだろう。

きわめて単純に考えても、「見ているあいだに、私の記憶が安倍晋三の記憶に変化した」とはどういうことだろうか。私の身体の外見が変化したなら、その変化のようすを見ることができ、そしてそれを記憶していることができる。しかし、私の記憶が変化していくとしたら、その変化の過程を見ることも、そしてもちろんそれを記憶することも、できない。かりに変化の過程を見ることができるのだとしても、それは次々に忘れられていくはずだから、結局は見ることができないのと同じことであろう。

この論点には、考察すべき多くの重要問題が付随しているが、ウィトゲンシュタインはなぜかいつもこのあたりの問題を論じようとしないので、それはここでは触れないことにしよう（ただし、これが前節における偶丸奇森をめぐる問題と同じ問題であることは注意していただきたい）。ともあれ、このことは大きな障害にはならない、とみなすこともできはする。私の身体がどうであろうと、およそ何かが見えているなら、それを見ているのはつねに私である、のと同様に、私の記憶がどうであろうと、およそ何かが見えているなら、それを見ているのはつねに私である、ということはできるからである。これは要するに、私がだれであろうと、ということであり、この論点さえ確保できれば変化のプロセスをめぐる問題は、人格の同一性の問題にかんしては重要だが、独我論の問題にかんしては関係しない、とみなすこともできはする。

さて、ウィトゲンシュタインは、このような思考過程を経たかどうかは不明だが、ともあれ「もう少しじっくり考え」た結果、見えているという全体験を通じて連続しているのは、「私」という何らかの特定の存在者ではなく、見えているという体験それ自体であるという見解にいたる。そして、言いたかったことは「およそ何かが見えているときにはつねに、何かが見られている」ということであった、と言う。『論理哲学論考』五・六四の「独我論が徹底されると純粋な実在論に帰着するにいたる」という所見もそうだが、この議論の進展のさせ方はどちらかといえばむしろ素人臭いものである。たしかに、何かが見えているという意識事実を内省すれば、見えているという事実そのものと独立に、そこに「私」などという持続的存在者が臨在していないことがわかる。しかし、そんなことははじめから自明なことではないだろうか。その一つしかない現に「見えている」という事実に、他人たちがそれぞれ「見えている」と言い立てはするがじつは（リアリー）見えていない事実と対比して、「私である」という特徴づけを与えているのだから、実際に見えているという事実以外に、それと独立の「私」などという存在者が存在していないのは、単にあたりまえのことにすぎない。重要なことは、この「私」は、言葉のうえで同じことを言い立てる他人たちとの対比において導入されているのであって、それが通常は身体の物理的連続性や記憶の心理的継続性と符合しているからといって、思考実験によってその符合が崩れた場合に、それらと運命をともにすべき理由はない、ということである。

　というわけで、この種の無主体論の導入にはじつは論点の誤認があると私は思う。そして、この方向に議論を進めてしまうと、「見えているという全体験を通じて連続している」のが「見えるという体験それ自体」であることとそれ自体は、他人においても同じことだともいえることになって、議論はむしろ独我論以前の段階に戻ってしまう。もちろん、独我論を経由した無主体論は、他人の無主体論の存在を認めないのだが、そのことをはっきりさせるためにはふたたび独我論に戻らざるをえないのだ。無主体論では肝心の他人の場合との差異をはっきりさせることができないからである。無主体論的意識事実は、じつはここで論じられているような意味での独我論の問題系とは無関係な、たんなる現象学的意識事実の一つにすぎないだろう。

　さて、しかし、もし身体の物理的連続性や記憶の心理的継続性とは別のものなのだとすれば、私の同一性は、言い換えれば私であることの時間的な連続性は、どのようにして与えられるのだろうか。「何かが見える」という体験がなんとじつは私にしか起こらないとしても、過去の「何かが見えた」についても同じことがいえるのか。「およそ何かが見えたなら、それを見たのは必ず私である」ともまた言うことができるのか。あるいはまた、「およそ何かが見えるであろうなら、それを見るであろうのは必ず私である」ともまた言うことができるのか。

　この問題には先ほど除外した記憶の問題が絡むのでふたたび除外せざるをえないが、しかし、一つだけ最重要の論点を指摘しておきたい。それは、私と他人との対比において語られてきたのと同型の問題が、こんどは今と他時点（過去および未来）との対比において反復される、ということである。すなわち、「およそ何かが見えるなら、それが見えるのは必ず今である」。そして、過去や未来にかんしては、ちょうど他人にかんして、ただ私によってその外的振舞だけが見られたのと同様に、「およそ何かが思い出される（予期される）なら、それが思い出される（予期される）のは必ず今である」という仕方で独今論が成立するのである。

さてでは第一に、痛いのは常に私でしかないのだから、他人が痛いということの意味が分からない、というあの議論の時間バージョンは成り立つだろうか。すなわち、痛いのはつねに今でしかないのだから、過去や未来において痛い（つまり痛かったや痛いだろう）ということの意味が分からない、ということがありえようか。もし、こちらはありえないのだとすれば、それはなぜか。これはこれで十分に哲学的深みのある問題だが、もう一つの問いがある。すなわち、その今とはいつか。独我論者が他の独我論者と同じ見解をもつことはないと述べたが、独今論時もまた他の独今論時と同じ見解をもつことはないのだろうか。そして、第三に、さらなる問いがある。身体も記憶もその成立とは無関係だとすれば「私」とは何なのかという問いがあったが、それと同様に、出来事も時点もその成立とは無関係だとすれば「今」とは何なのか、という問いが成立するであろう。

ここではこの三つの問いに、私のさしあたりの簡単な答えを与えておこう。第一の問いに対する答えは、過去にかんしてはありえず、未来にかんしてはありうる、というものである。その違いは記憶という特殊な媒体の有無に基づく。記憶というものは、他人の場合でいえば、（他人自身が痛いのではなく）私が他人の身体に私が痛みを感じる、ということに対応するあり方をしているのだが、それにもかかわらず、

（他人の場合と違って）それが過去の事実を構成できもする、という二重性を持つからである。第二の問いに対する答えは、しかり、独今論時もまた他の独今論時と同じ意見をもつことはできない、である。第三の問いに対する答えは、それら（私と今）はレアールな存在者ではないので、「何であるか」という本質規定は究極的にはできない、というものである。

さて次に、後半の、物理的な目と幾何学的な目をめぐる議論に移ろう。これは、ここまで述べてきた意味での「私」が身体から独立であることを示すための例解であり、当然のことながら、物理的（フィジカル＝身体的）な目が身体に、幾何学的な目が「私」にあたる。この議論は優れたものではあるが、残念ながら、身体と並んで登場していた記憶の問題がこの議論において姿を消してしまう。私見では、この議論をさらに推し進めて、記憶的な目と幾何学的な目を対立させるところまで話を進めれば、さらに興味深い結果にいたったように思われるので、後でちょっとありうべき議論の方向だけでも示してみたい。

さてその前に、この箇所の記述には混乱したところがあるので、まずはその点を指摘しながら、この区別の意義を確認したい。この区別は、「およそ何かが見えているなら、それを見ているのはつねに私である」と発言するとき、この「私である」の箇所で自分の目を指さす人の想定から導入されている。もちろん彼は、どの目がいま自分が「見ている」と言っているその目なのか（つまり、その文を語っている口とつながっている目、目を指さしている手とつながっている目なのか）をはっきりさせたくて、そうしたのである。ところが、「その文を語っている口とつながっている目」、「目を指さしている手とつながっている目」の「つながり」には二種類の意味がある。一つは、口と目、手と目が同じ身体に属して文字通り物理的（身体的）につながっている場合であり、もう一つは、口を意図的に動かしてその文を発話している主体のその（意図的に動かせるものとしての）口と、その文の中でそこから見ていると言われている目とのつながりであり、また、手を意図的に動かしてその目を指さしている主体のその（意図的に動かせるものとしての）手と、その動作の中でそこから見ていると言われている目とのつながりである。ところが彼は、この後者の連関を、この動作によって他者に伝達することはじつはできない。彼が伝達したいことを伝達する方法はじつは存在せず、そのことが独我論の問題に通じているわけである。したがって、「彼が意味のある言明をしたと思われるなら、それは「幾何学的な目」と呼ばれるべきものと「物理的な目」と呼ばれるべきものの混同に対応するある混同から引き起こされている。」と言われるわけである。

この二種の目の区別にかんして、ウィトゲンシュタインはまずこう言っている。「私の手が上がって目の方向に来るのが見える、という日常的体験が存在するが、これはもちろん、二つの物が、たとえば二本の指先が出合うのが見えるという体験とは違う。」前者（目は視野を開いているだけでそれ自体が見えてはいない）が幾何学的な目で、後者（「二つの物」のうちの一つが目であって、それもまた見えている場合）が物理的な目である。したがって、次の「しかし他方で、私の指が私の目の方向に動くことの基準として、鏡を見ると、私の指が私の目に近づいているのが見えるということを使うこともできる」と言われているときの「私の目」は物理的（身体的）な目であるはずである。それは、そこから視野が開けているという意味での「目」ではなく、身体表面にある（その位置と形態から）「目」と呼ばれている箇所だからである。

この区別の仕方を傍証するために、「ウィトゲンシュタインの講義一九三〇—三三年」から引用しておこう。これはウィトゲンシュタインの発言をムーアが記録したものである（訳者の藤本隆志氏は「物理的な目」を「肉体的な眼」と訳しておられるが、藤本訳のまま引用する）。

わたくしにとっては確かに真と思える一つの論点、すなわち、わたくしには肉体的な眼がなくとも、あるいは全く肉体がなくとももののが見えうるのであって、見えることと肉体的な眼との関係は経験上学んだ事実にすぎず、全然必然性をもたない、という論点についてはは全くはっきりとしているように見えた。ただし、「視野」にはある種の内的性質があって、その中でのある物体の運動を、「自分の眼」へ向って来たり、離れて行ったりする運動として記述することはできるのであるが、その場合「自分の眼」というのは自分の肉体的な眼を意味しないし、また視野のヽ中ヽにある何物をも意味しない、とも言った。

（『ウィトゲンシュタイン全集10』（大修館書店）九一頁）

後半で「自分の眼」と言われているものは、すぐ後には「視野の眼」とも言い換えられているが、ここで言う「幾何学的な目」のことである。言い回しは少々ごたごたしているが、趣旨は明快であろう。

だが、そうだとすると、『青色本』の本文に戻って、前の文章に続く箇所、すなわち「私の身体にある、われわれが「見る」と呼ぶことをするその場所が、第二の基準によって、私の指を私の目の方向に動かすことによって決定されるべきであるとすれば、私は、他の諸基準によれば、鼻先や額で見ることになるかもしれない。あるいは、このやり方で、私は私の身体の外にある場所を指すことになるかもしれない。」という箇所には疑問がある。この「第二の基準」（つまり物理的な目）は、これでも意味が通じないことはないが、どちらかといえばむしろ「第一の基準」（つまり幾何学的な目）のほうが議論のつながりがよくわかる。なぜなら、「見る」と呼ばれていることをする場所（つまり目）が幾何学的な基準によって——すなわち「この視野」を開く原点として——決定されたとき、物理的な基準から見ればそれが「鼻先や額」や「身体の外にある場所」であることはたしかにありうることで、そのことを指摘して「幾何学的な目」と「物理的な目」の乖離の可能性を説くことこそがこの箇所の趣旨であったほうがよいからである。本文の記述通りに解すると、すなわち、目の位置がある物理的な基準（ここでは鏡を使った基準）によって決定されたとき、その目が他の諸基準から見ると「鼻先や額」や「身体の外にある場所」にあることもありうるという意味になり、それももちろんありえなくはないが、それはたんに基準ごとに従った結果が変わりうるという当たり前のことを言っているにすぎないことになる。これはひょっとすると鏡の外の意味でいわれているのかもしれないが、そもそも鏡は目を物理的な（つまり見られる側の）対象とするために導入されただけなのだから、鏡の外か内かという問題はここで本質的な（つまり物理的か幾何学的かという）問題とは独立のはずである。

それに続けて「だれかに第二の基準だけ
によって自分の目を指さしてほしいとき、私はこの意向を「あなたの幾何学的な目を指さしてください」と言うことによって表現することにする」と言われているが、以上の説明が正しければ、これは誤りでなければならない。この「第二の基準」は「第一の基準」でなければならないからである。大森荘蔵氏は、その次の箇所（「「幾何学的な目」という語の文法は「物理的な目」という語の文法に対して、「木の視覚的感覚与件」という表現の文法が「物理的な木」という表現の文法に対するのと同じ関係にある。」）を説明して、「他の触覚等の基準から切り離された鏡像の基準が視覚的感覚与件の基準に相当するからである」と言っているが、そうだとすると、これもまた誤りでなければならないことになる。鏡像は物理的な目を示すためのものであり、感覚与件ではなく物理的な木のほうに対応するからである。

さて、もちろん、物理的な目と幾何学的な目は、通常は符合しているが、ずれることは可能である。痛みが他人の身体やテーブルに感じられえたのと同様、幾何学的な目は他人の物理的な目や本棚の位置にあることができる。いうまでもないことだが、幾何学的な目がその他人の目の位置にあるだけでなく、その他人の身体だけが動かせ、その他人の身体にだけ痛み等が感じられるなら、少なくとも身体的には、私はその他人なのであるから、その人はもちろん「他人」ではない。そう考えると物理的な目のほうも、それが私のであると言われるためには、じつは私が動かせる身体、私が痛みを感じる身体等とつながっていなければならず、純粋に物理的とはいえないことがわかる。幾何学的と物理的の区別は、もちろん目以外の場合にも成り立つが、幾何学的な手と物理的な手、幾何学的な舌と物理的な舌がずれていたら、かなり不便である！

　さて、この区別の精神を記憶にも適用できるであろうか。幾何学的な目がその人の目の位置にあるだけでなく、その人の身体だけが動かせ、その人の身体にだけ痛み等が感じられるなら、少なくとも身体的には、私はその人なのである、とついさきほど言ったが、この「少なくとも身体的には」とは、主として記憶がその身体の記憶とずれている場合を想定していた。私の幾何学的な目が安倍晋三の目の位置にあるだけでなく、安倍の身体だけが動かせる身体で、安倍の身体にだけ痛み等が感じられるなら、身体的には私は安倍である。しかし、そのような状況下にあっても、私はやはり永井である。なぜなら、私の幾何学的な記憶が永井のそれだからである。

幾何学的な目とは、世界の光景が端的にそこから開かれており、事実としてそれ以外の光景は見えない、そのような目のことである。したがって幾何学的な記憶とは、世界の時間経過が端的にそのように与えられており、事実としてそれ以外の時間経過は与えられていない、そのような記憶のことである。ウィトゲンシュタインは、「もし見えている諸事物の中に見えているとしても、つねに同じものとして見えていなければならないわけではない」、「それがどんなに変化しても気にしない」と感じられるものとして、「私の身体のもつあらゆる性質」や「私の振舞の特徴」と並べて、「私の記憶」を挙げていた。

まず「それがどんなに変化しても気にしない」ような記憶がもしあるとすれば、それは物理的な記憶といえる。それはおそらく私の現在の身体（であると幾何学的な目等々の基準によっていえるもの）の目が見てきたはずの光景やその身体が経験してきたはずの出来事の記憶を指すだろう。そして、「もし見えている諸事物の中に見えているとしても、つねに同じものとして見えていなければならないわけではない」という想定は、この場合、記憶の変化を見る（そしてそれを記憶する）という先ほど想定したケースにあたるであろう。当然のことながら、記憶の変化を見（そしてそれを記憶し）つづけうるのであれば、その記憶自体は変化していないのでなければならない。つまり、記憶と独立の「見えている諸事物」（その「中に」おいてのみ物理的な変化が「見える」ところの諸事物）がこの場合ない（原理的にありえない）わけである。なぜなら記憶の変化の想定は、身体のそれと違って、「見えている諸事物」を含みこんだ、全体的変化であらざるをえないからである。したがって記憶は、身体と違って「見えている諸事物の中に見えている」ことができないはずである。すなわち、どこかでもはや変化を想定できない記憶を想定するのでなければ、変化を語る基盤自体が存在しなくなってしまう。その意味で、ここには幾何学的と物理的の区別が（究極的には）存在しない。おそらくはこのことが、超越論的哲学といわれるものの成立の根拠であろう。

もし、この究極的な地点まで降りて行かなければ、記憶においても幾何学的と物理的の区別にあたる区別を想定して、それを保持することはできるように見える。たとえば、文字通りの独我論的状況を想定しよう。ものごころがついてみると、人間はたくさんいるが、幾何学的な目や幾何学的な記憶を持つのは一人だけである。だから、それが私である。他人たちは物理的な目や物理的な記憶は持つであろうが、幾何学的なそれらは持たない。（彼ら自身にとってはそれらがあるだろう、という二次創作はまだしていない、とする。）このように考えれば、この意味での私が、さまざまな人々を渡り歩いていく、と想定することは可能になる。身体の渡り歩きは何の問題もない。それは記憶できるからだ。問題は記憶の渡り歩きである。それは記憶できない。いつも渡り歩いた最後の人の記憶しかないからだ。さて、ここで「いつも」と語ることに意味があろうか。たとえ記憶されなくても、神の目から見れば、私は人々を渡り歩いているのだ、という可能性を語ることに意味があろうか。もし「独我論」の想定が、他人たちはゾンビであり私だけが意識をもっているというような（「デカルト的独我論」と以前に呼んだような、一種の経験的事実の）想定なら、この渡り歩きに意味を与えることができるだろう。しかし、そうでなければ、つまり「独我論」をウィトゲンシュタイン的水準で理解するなら、この渡り歩きの想定は、その可能性を考えるとは何を考えることなのかがそもそも分からないという意味で、そもそも不可能な想定ということになるだろう。それは、たとえば世界全体がまるごとタイムトラベルして百年前に戻るという可能性を考えることが――その可能性を考えるとは何を考えることなのかが分からないゆえに――不可能であるのと同じ種類の不可能性であろう。

25「つねに」と「いつであれ」、そして独今論との類比

W 私を誘って「およそ何かが見えているなら、それを見ているのはつねに私である」と言わせたものに、私はまた「いつであれおよそ何かが見えているなら、見られるのはこれである」と言うことによってもまた屈服することができた。そう言う際には、「これ」という語とともに私の視野を包み込むような身振りをする（がしかし、「これ」によってその時点でたまたま私に見えている個別的な対象を意味することはない）。そして、こう言うかもしれない。「私は視野それ自体を指さしているのであって、その中にある何かを指さしているのではない。」そして、これはただ最初の表現が無意味であったことをさらけ出すのに役立つだけである。

（原64　全116　文148　黒109）

N この段落でちょっとだけ出されている問題は、後に詳述されるが、ひとことで言えば、これがすなわち「独我論は語りえぬ」ということである。独我論者が

これらの言い方で言わんとすることは言えない。しかし、一つの疑問は、それならなぜ、何が言えないのか（その言えないことは何であるのか）が伝わるのか、あるいは少なくとも、ウィトゲンシュタインはそれが言えないということを言うことができる（と信じている）のか、である。なぜなら、もしそう信じていないなら、このように語ることさえも無意味であろうから。

この問題の時間バージョンを構成してみたい。すなわち独今論である。上の独我論表現の二ヴァージョンには、どちらも「つねに（always）」と「いつであれ（whenever）」という形で時間的普遍化が含まれている。なぜそんなことが言えるのか、独今論者なら当然疑問に思うところであろう。何が見えていようと、見えているのはこの今でしかなく、とりわけ「これ」が見えているのは、この今でしかありえないからだ。

そこで、独今論はたとえばこう表現されることになる。「だれであれおよそだれかが見ているなら、それが見えているのはこの今だけである」。独今論者はべつに独我論者ではないので、他人が見る可能性を（いや現実性も）否定する必要はない。だから、「つねに」や「いつであれ」の代わりに「だれであれ」を入れることができる。しかし、逆に、「つねに」や「いつであれ」という譲歩は断固として拒否されねばならない。独今論のポイントは「今」の普遍化の拒否である。だからその真の敵は、四次元主義やB系列論ではなく、むしろ一般的な現在主義、一般化されたA系列論なのである（独我論の真の敵が唯物論や実在論ではなく一般的な観念論や一般化された主観主義であるのと同様に）。

独今論者もまた、「今」と言いながら、その時を「包み込むような身振り」をするかもしれない。そしてこの場合にも、「今」によってその時点でたまたま見えている個別的な対象が意味されてはいない。だからといってまた、当然のことながら、どの時点においてもその時点において成立する今といった一般的な今が指されているわけでもない。独今論は、「個別的な対象」を指すことを拒否すると同時に、（独我論と違って）時間的な普遍化も拒否するわけだが、その際に独今論が許容する普遍化は（じつは「だれであれ」という仕方での主体の普遍化ではなく）あくまでもこの今のこの今性としての普遍化である。たまたまこれこれが見えているが、そういう内容とは無関係に、およそ見えるということが成立しうるのはこの今だけなのだ、と言っているわけである。この今に現にたまたま起こっていることの中身はどうであっても、ともあれこの今だけ、ということである。じつをいえば独我論も同じである。「いつであれ」という譲歩はじつは論点と関係ない余計な付け足しで、必要な譲歩はあくまでも

「何が見えていようと」のほうなのである。独我論の場合、「たまたま私に見えている個別的な対象」を「意味しない」ことが、「いつであれ」という時間的譲歩を引き起こしているように見えるとすれば、それは一種の錯覚であろう。

さて、独今論者は今であるその時それ自体を（その中身からもその一般形式からも切り離して）指せるであろうか。一見すると、独我論よりは有利に見える。「私」と違って「今」は、少なくとも現に存在する他人たちと共有されるからである。独今論者が——たとえ「この今」だけが実在するといった余計な強調を伴ってであろうと——この今の（他の諸時点とはまったく違う）特別さを主張すれば、独我論者のそれとは違って、多くの人々の共感を得ることができるであろう。さて、彼のこの言明には意味がある（使って何かを伝えることができる）のだろうか。もちろん、彼のこの言明の現場が録音・録画されて、他の時点において聞かれ見られたなら、論点は独我論の場合と重なることになる。とはいえ、言葉というものは第一義的には他の時点へ向けてというよりは他人に向けて語られるものであろうから、常態においては録音・録画（あるいは文字による表記）はなされないと考えてもかまわないだろう。

その場合、独今論者の発言には意味がある（その今に共在する他人たちに何かを伝えることができる）のだろうか。これは、独我論者の発言が他時点の自分に何かを伝えうるか、という問題と同型である。もちろんウィトゲンシュタインはこれに否定的だが、私は彼の医師としての、つまり形而上学治療者としての力量に、というよりは隠されたイデオロギー的な意図に不審の念を抱いている。おそらく、彼の治療（すなわち解決）は彼の病気（すなわち問題）に届いていない。

そのことを考えるためのヒントは、独我論や独今論と「独ここ論」とを比較することである。前二者は、少なくとも哲学的な問題になっており、現にウィトゲンシュタインもそれと格闘しつづけていて、その議論が現に意味をもってしまっている。それに対して、後者の「独ここ論」が哲学的に問題にされることはない。どういうわけか、だれも「何が見えていようと、見えているのはつねにここである」とか「いつであれおよそ何かが見えているなら、見えているのはここである」などとは言いたくならないのだ。そんな言明に何らかの哲学的意味が込められるとはそもそも感じられないのである。なぜか私という奇異なものが存在し、じつはただそこからのみすべてが始まっていることに驚きを感じ、そのことをなんとか言葉で語ってみたいと感じる人でも、ここというものが存在し、すべてがそこで起こっていることに驚きを感じ、そのことをなんとか言葉で語ってみたいとは、ふつう感じないようである。後者は、おそらく単純なトートロジーにしか感じられないからだろう。ここにある差異は何に由来するのだろうか。

「ここ」は「私のいる場所」にすぎない。だから、「私」が「ここ」にいることを驚くことはできない。だが、私が存在することとそれ自体は違う。ウィトゲンシュタインの戦略は、いわば「私」を「ここ」化することにあり、「私が存在する」をトートロジー化することである。もちろんその戦略には疑う余地のない一面の真理が含まれているのだが、しかし別の（「ここ」化できない）他の側面を取り逃がしてもいる。もし「私」という語がなければ、「ここ」を使って「私」の場合と同じ形而上学的驚きを表現することができたはずなのだ。ウィトゲンシュタインも、病人としてはこの差異に敏感なのだが、治療者としてはそれに鈍感、というよりおそらくは意図的に、知っているはずのその差異に目をつぶろうとしている。格闘している問題の意味が分からなくなることによってその問題を解決しようとする格闘？

26 「用は足りる」が「理解できてはならない」

W　それなら、独我論のこの表現の中にある「つねに」は捨てよう。それでもなお、私は私の独我論を「私に見える（あるいは、私にいま見える）ものだけが実際（リアリー）に見える」と言うことによって表現することができる。ここで私は、こう言いたくなる。「私は「私」という語によって、ルートウィッヒ・ウィトゲンシュタインを意味してはいないが、私はいま事実としてルートウィッヒ・ウィトゲンシュタインである以上、他人たちが「私」とはルートウィッヒ・ウィトゲンシュタインを意味しているのだと理解するとしても、それで用は足りる。」私は私の主張を「私は命の器である」と言うことによって表現することもできよう。だが、注意せよ。私がこれを言う相手はみな、私の言うことが理解できてはならない、ということこそが本質的なのである。他人は、自分の表記法の中で私に例外的位置を認めることによって私が望んでいることを実行してくれるかもしれないが、それでもなお「私が実際（リアリー）に意味すること」が理解できてはならない、ということが本質的なのである。私が望むのは、他人が私の言っていることを理解するのは論理的に不可能であるということである。すなわち、私の言っていることを他人が理解する、と語ることは、偽ではなく、無意味であるべきなのだ。それゆえ、私の表現は、哲学者たちによってさまざまな場面で使われる、他人に何かを伝えるのは本質的に不可能ではあるが、それを言う当人には何かが伝わるとみなされている多くの表現のうちの一つなのである。さて、もし表現が意味を伝えるということが、それにある体験が随伴したりそれがある体験を呼び起こしたりすることを意味するならば、この表現にもあらゆる種類の意味がありうることになるだろうが、それについて語ろうとは思わない。しかし事実問題として、われわれは、この表現が形而上学的でない表現が意味を持つ場合の意味を持つかのように思い込まされてしまうのである。というのは、なんらかの情報が欠けているために他人がわれわれの言うことを理解できないケースと、このケースも同じだと思ってしまうからである。(この所見は、文法と意味・無意味とのつながりを理解したときにのみ明瞭になりうる。)

(原64　全117　文149　黒110)

N 内容に入る前に、『青色本』という本のテキストとしての面白さについて、ひとこと注意を喚起しておきたい。この段落の第二文は、「それでもなお、私は私の独我論(my solipsism)を……」となっており、私のこの訳文はたんなる直訳である。ところで、この箇所を大森荘蔵氏は「それでも私は[私が独我論を代弁して]この独我論を……」と訳され、黒崎宏氏は「そうしても私は、私の[論じている]独我論を……」と訳しておられる。お二人とも「私の独我論」という直訳を避けている。

少なくともこの時期のウィトゲンシュタインは独我論者ではないはずだから、彼の口から「私の独我論（my solipsism）」という言葉を言わせたくない、という配慮が働いているものと思われる。しかし、それはおそらくは無用な配慮であろう。この時期のウィトゲンシュタインもまたある意味では独我論者なのであって、つまりなおも独我論を語りたいという欲求を「心の底から」感じており、そしてそれゆえにこそ同時にその病気の治療者でもある、という一人二役を演じることが辛うじてできている、とみなされねばならないからである。そのことが象徴的に表現されているのは、「だが、注意せよ」以下の三つの文である。この三文は一人で二役を兼ねている人でなければ言えない、どこまでも味わい深い文章である。ウィトゲンシュタインは「私の言うこと」「意味すること」（この「意味すること」は「mean」だがむしろドイツ語の「meinen」の意味であろう。すなわち、「言わんとすること」）を、他人には理解できないにもかかわらず（しかも他人には理解できないのでなければならないことを含めて）知っている。そして、「私が望むのは、他人が私の言っていることを理解するのは論理的に不可能であるということである」（傍点は永井による）と言う。これは、独我論の視点に立っている者でなければ語れないその治療の視点である以上に、より興味深いことには、治療者の視点に立っている者でなければ知りえない独我論者の深い願望の表現である。この青いノートが単なる他人の病気の治療記録であるなら、その魅力の大半は失われるだろう。

さて、この段落の（とくに前半の）議論は重要である。「私は「私」という語によって、ルートウィッヒ・ウィトゲンシュタインを意味してはいないが、私はいま事実としてルートウィッヒ・ウィトゲンシュタインである以上、他人たちが「私」とはルートウィッヒ・ウィトゲンシュタインを意味しているのだと理解するとしても、それで用は足りる。」もちろん、「ルートウィッヒ・ウィトゲンシュタイン」が「偶丸奇森」であっても同じである。そして、たしかに「用は足りる（will do）」のだ。そもそも独我論者の主張に対して他人が賛同し、彼の言うことを認めてあげる方法は、この方法しかないのだから。彼らは、独我論者の主張を文字通りに認め、その主張通りに扱ってくれている。だから、もしこれで用が足りないなら、そもそも独我論者は何を言ったのか（何を主張したのか）分からなくなってしまうはずだ。

もちろんこの論点は、以前にSが王様である場合として想定したものと同じである。少々驚くべきことだが、大森荘蔵氏は「他人は、自分の表記法の中で私に例外的位置を認めることによって私が望んでいることを実行してくれるかもしれない」という箇所に訳者の解釈を挿入して、「……彼の表示法の中で［私の言うことの本当の意味は了解不能であることを示すように」私を例外的に扱ってくれる……」と書いておられるが、この解釈はまったくの誤解でなければならない。逆に、そのような仕方で例外的に扱うことだけは決してできない、ということこそがここでの論点だからである。

さて、話を戻して、だが、じつをいえば、それで用が足りると思ってしまうのはその独我論者が愚鈍であるからにすぎない。独我論者であっても哲学者であるとはかぎらないから（つまり自分の独我論を哲学的に考察しているとはかぎらないから）それで満足してしまう可能性はたしかにある。しかし、じつは、そもそも独我論者は何を言ったのか（何を主張したのか）は「分からなくなってしまう」ほうが正しいのだ。独我論者が他人に対して何を言ったのか（何を主張したのか）は、じつは分からないのが当然なのである。そもそも、他人によって賛成されたり（あるいは反対されたり）しうるような主張内容を、それはもちえないからである。なぜなら、それは他人から識別可能な何かにかんする主張ではないからである。他人が識別できるのは、ルートウィッヒ・ウィトゲンシュタインという名の一人物にすぎない。だが、（たまたまそいつである）独我論者は、その独我論においてそいつについて語っているのではない。自分がたまたまそいつであることは、独我論とは無関係な、よけいな夾雑物にない。

すぎない。そして、このことこそが問題の本質そのものなのである。

したがって、「私がこれを言う相手はみな、私の言うことが理解できてはならない、ということこそが本質的なのである」ということになる。この一文こそが、ここで論じられている問題の核心である。「用は足りる」のに「理解できてはならない」、このことこそが本質的なのである。なぜなら、他人たちはこの「私」という表現をルートウィッヒ・ウィトゲンシュタインを指すと理解するか、または一般的な（だれもがそれであるような）自我や主体を意味すると取るか、その二つの取り方しかできないからである。言語とは、語られたことと（それを聞いて）理解されたこととの同一性を最も本質的な理念的前提とする制度であって、世界の中に存在する、みんなに共通に把握可能な対象（たとえば、ルートウィッヒ・ウィトゲンシュタイン）について語るか、またはその世界についての一般論（たとえば、だれもがそれであるような自我や主体）を語るか、そのどちらかしかできないようにできているからである。（ちなみに、このことはいわゆる私的言語でも変わらない。それは、他から隔絶した一人物の二時点を考えたとき、異なる時点に立つ二人（？）が共通に指せる同一対象を他から隔絶していても構成できるか、という問題だからである。それができればそこにも言語が成り立つが、そのことで言語以前に在ったものは言語によって消されてしまう。)

ウィトゲンシュタインはつづけてこう言っている。「他人は、自分の表記法の中で私に例外的位置を認めることによって私が望んでいることを実行してくれるかもしれないが、それでもなお「私が実際に(リアリー)意味すること」が理解できてはならない、ということが本質的なのである。」ウィトゲンシュタイン解釈として重要なことは、このことを「本質的」と認めることによって、前半で何度も繰り返し語られてきた、独我論者は通常の表記法に不満を持っておりその改変を求めている、という趣旨の主張がここで捨てられている、とみなすことが可能であることである。私はこの変化をおおいに歓迎するが、しかし彼が、ここで「本質的」だとみなすにいたった問題の本質をここで深く洞察したとは残念ながらみなせない。つづく箇所からも明らかなように、この問題を「哲学者たちによってさまざまな場面で使われる、他人に何かを伝えるのは本質的に不可能ではあるが、それを言う当人には何かが伝わるとみなされている多くの表現」という、つまらない問題に矮小化されてしまうからである。

さて、ところで、この箇所の「リアリー」は私の用語では「アクチュアリー」である。この意味での現実性にかんすることがらは言語に乗せることができないという点が本質的なのである。たとえば、この世界が現実世界であるということは、言語で語りうることなのであろうか。他の可能世界たちに向かってそれを語ることは、ちょうど独我論者がおのれの独我論を他人たちに向かって語るのと同じことになるであろう。他の可能世界たちはわれわれの世界に「例外的位置」を認める表記法を採用してくれるかもしれないし、われわれもそれで「用は足りる」と思ってしまうかもしれないが、じつはわれわれが言いたいことは決して理解されない。ここでもやはり、「われわれがそれを言う相手はみな、われわれの言うことが理解できてはならない、ということこそが本質的」だからである。

それなら、自分自身に向かってそれを語るのはどうか。それはちょうど独我論者がおのれの独我論をおのれ自身に向かって語るようなものであろう。ウィトゲンシュタインならこれを、(28に出てくるように)「「この木はこの木と同じ物だ」というような文を自分に繰り返すことによって、同一律の意味をつかんで視覚化しようと頑張る」ことに類比的な行為とみなすであろう。それは「この木」について何も言っていないのと同様、われわれがこの世界が現実世界であるとわれわれ自身に向かって語ることもまた、じつはこの世界にかんして何も言ってはいない。その木のみならずいかなる対象についても同じことがいえるであろうように、この世界のみならずいかなる可能世界においても同じことがいえるであろうからだ。

　この世界が現実世界であることの代わりに、この時点が唯一の現実の今（現在）であることで考えても、同じことがいえる。そのことを他の時点たちに向かって語ることは、独我論者がおのれの独我論を他人たちに向かって語るのと同じことになるだろう。他の時点たちはこの時点に「例外的位置」を認める表記法を採用してくれる（「本今」とか「実現在」といった言い方をしてくれる）かもしれないし、われわれもそれで満足してしまうかもしれないが、われわれが言いたいことはじつは決して理解されない。ここでもやはり、「われわれがそれを言う相手はみな、われわれの言うことが理解できてはならない、ということこそが本質的」だからである。

　それなら、同時点の人々に向かってそれを語るのはどうか。それは独我論者が自分の独我論を自分に向かって語るようなものであろう。ウィトゲンシュタインならこれもやはり、「「この木はこの木と同じ物だ」というような文を自分に繰り返すことによって、同一律の意味をつかんで視覚化しようと頑張る」ことに類比的な行為とみなすであろう。それが「この木」について何も言っていないのと同様、この時点が唯一の現実の今（現在）であることをその時点において語っても、じつはその時点について何も言ってはいない。その木のみならずいかなる対象についても同じことがいえるであろうように、この時点のみならずいかなる時点においても同じことがいえるからである。

もちろん私は、この二つの例が「この木はこの木と同じ物だ」のような言明と同じことだという考えに賛成しない。しかし、言葉で語るかぎりでは同じことになってしまうという点にかんしては、問題なく賛成する。ただ、そこには語られていない差異が残りつづけるのである。「この木はこの木と同じ物だ」と言っても「この山はこの山と同じ物だ」と言っても、「木」に何を入れても、同一律を繰り返すだけのことだが、「現実」や「現在」の場合は、現実世界で言われるか可能世界で言われるか、現実の現在において言われるか可能な現在において（だから現実には現在でない想定された現在において）言われるかで、言語表現の働きには表現できない差異が残るからである。言うまでもないことだが、確認のために繰り返せば、これは言語では言えないことなので、ここでも言えていない。私が固執したいのはそのことである。（語用論その他の方策によって言える、という主張に対しても、ふたたび同じ議論が繰り返され、そしてそうであることこそが圧倒的に重要な事実だと考える。）

言われた相手に理解されることが本質的にありえない言語表現は無意味、というよりそもそもじつは言語表現ではない、というべきであろう。このことから独我論の無意味さを導くことができるが、それはもちろん言語的な無意味さにすぎない。それゆえ、言語的に無意味になることから逆に、独我論という発想の本質をえぐりだすことができ、それは「私」という特定の事象内容そのものとは無関係に、ある種の存在者の一般的な在り方の特徴をえぐりだすことになるだろう。したがって、このことから、逆に、言語の側の欠陥を導き出すこともできる。だが、もちろんそれは、それによって表現できないある種の存在者にかんするかぎりでの欠陥にすぎない。それゆえ、そのようなものが語れないことから逆に、およそ言語という発想そのものの本質をえぐりだすことができ、それは言語という個別事象を離れて、知的構成物としての人間社会や法や経済（貨幣）、知識や科学……等々の一般的な本質をえぐりだすことになるだろう。

さて、ウィトゲンシュタインはさらにつづけてこう言っている。「私が望むのは、他人が私の言っていることを理解するのは論理的に不可能であるということである。すなわち、私の言っていることを他人が理解する、と語ることは、偽ではなく、無意味であるべきなのだ」と言う。だが、この「論理的に不可能」という表現には注意すべきである。これはわれわれが通常理解している命題論理や述語論理の意味での「論理」ではない。それは、たとえば、「赤い」という語の意味とそれが指す赤さそのものとの関係を言語の内部で語ることは「論理的に不可能」だ、というような意味での論理的不可能性である。「赤さそのもの」はふたたび言語表現であって、赤さそのものではないからである。

もし現赤論者というものがいたなら、現に赤いものを見ながら、「ただこれのみが実際に赤い」と言うであろう。人々が彼の語る「現赤」という表現に言語の中で、（「赤」とは異なる）特別の「例外的位置」を認めてくれたとしても、それによって「彼が実際に意味すること」が表現されたわけでない（それは「論理的に不可能」である）ということが本質的だろう。現赤論者の言わんとすることは真理ではあるが、それを言語で言うことはできない。これは、自明のことにすぎないだろう。（ところで、論点を誤解しないで欲しい。現赤論者は多人数の集団であってかまわず、彼らの「赤」の相互的な異同などは論点ではない。）

W

27 「白のキングに紙の冠をかぶせる」

ある表現のわれわれにとっての意味は、われわれがそれを使う使い方によって特徴づけられる。意味は表現の心的随伴物ではない。それゆえ、「私はそれによってある何かを意味していると思う」とか「私はそれによってある何かを意味していると確信している」といった、哲学的議論においてある表現の使用を正当化するためにしばしば聞かれる言い方は、われわれにとってはいかなる正当化でもない。われわれは、「君は何を意味しているのか」、すなわち「君はこの表現をどのように使うのか」と問う。ある人が私に「ベンチ」という語を教え、そして自分はそれにときどきあるいはつねに「ベンチ」のように棒を引くが、それは自分にとってはある何かを意味しているのだ、と言ったならば、私はこう言わざるをえない。「どんな考えを君がその棒に込めているのか、私には分からない。しかし、君が「ベンチ」という語を使おうとしているその記号法においてその棒に使い道があるということを示してくれないかぎり、その棒は私の興味を引かない。」私はチェスがしたいのだが、ある人が白のキングに紙の冠をかぶせる。それによってその駒の使い方に何か変化が生じるわけではないのだが、彼は私にこう言う。その冠は自分にとって規則によっては表現できないある意味をそのゲームにおいて持っているのだ、と。私はこう言う。「それがその駒の使い方を変えないかぎり、それは私が意味と呼ぶものを持ってはいない。」

（原65　全118　文150　黒111）

N おそらく客観的に見ても、この箇所はかなり印象深い箇所だろうと思うが、私は最初に大森訳でここを読んだとき（東京・渋谷の本屋での立ち読みであったが）、自分への直接的なメッセージを感じ取ったのはこの箇所であった。とりわけチェスの駒にかぶせられた冠の比喩の箇所。これには身体が震えるほど興奮した。「私」、自我、私的なもの、主観的なものを、確実性の根拠や世界を意味的に構成する主体といったものとしてではなく、このように無意味で余計なもの（それが存在してもしなくても世界内にいかなる違いも生じさせないもの）として見る視点（↓**19**）は、疑う余地のない真理であるにもかかわらず、なぜかこれまでの哲学において気づかれたことさえなく、私は哲学の世界ではじめて自分の援軍に出会ったと感じたものである。

ところでしかし、ウィトゲンシュタインはここでチェスに喩（たと）えているのはもちろん言語で、かつここで独我論の語りえなさを示している（という意味では独我論を批判している）。私は最初そうは受け取らなかった。第一に私は、チェスを世界の比喩だと感じ取り、冠を私の存在そのものの比喩として受け取った。そしてこの比喩を独我論批判としてではなく、むしろ新しい独我論の表現の仕方として受け取ったのである。（彼我のこの差異は、「独我論は言語的意味などを味方につけねばならない理由はない」等々といった、意味の外部の「余剰」にかんする議論として、これまでの叙述にも何度か現われていることに慧眼な読者はお気づきのことであろう。）ある意味では最初から同床異夢の状態であったわけだが、さらによく考えてみれば、どちらの論点にかんしても必ずしも異夢というわけでもなく、とりわけ後者の論点にかんして、これを裏返しの同じ夢であると見ることの重要性に気づいたのは、比較的近年のことである。

ところで、この比喩はふつうどのように解されるであろうか。最初に「意味は表現の心的随伴物ではない」といわれているのだから、当然、「ベンチ」に引かれた横棒や駒にかぶせられた冠を「心的随伴物」の比喩と取るべきであろう。心の中のさまざまな思いは言語の意味ではなく、それらは言語的有意味性に関与しない。なるほどその通りであろう。こう取った場合には、すぐに二つの疑問が思い浮かぶ。

一つは、それならば「心的随伴物」は要らないのか。チェスの場合でさえそうだが、言語ゲームをいかなる心的随伴物もなしに――あるいは個々の言語行為にともなう固有の心的随伴物なしに――おこなう人はそもそも言葉を話しているといえるのか、という疑問である。ここでは詳述できないが、この点にかんするかぎり、私はむしろウィトゲンシュタイン派である。心的随伴物という想定自体がすぐこの後に述べることの比喩の別の理解からの派生物であると考えているからである。（そもそも「心的随伴物」という語の意味が理解されていることからして、それはすでに言語ゲームに対して冠の位置にあるものについて、われわれが語りえようか。言語ゲームは、それがゲームだとしても、チェスのような、そのゲームの外部と内部を見渡すことができるゲームではない。つまり、それは「その冠は自分にとって規則によっては表現できないある意味をそのゲームにおいて持っている」とゲームの外から言うなどということがそもそもありえない、まったく特別のゲームなのである。そのことが決定的である。）

もう一つは、しかし、言語ゲームの規則はチェスのそれのような固定した単純な制定規則ではないから、横棒が引かれ冠がかぶせられるという実践がなされることによって、その横棒や冠が有意味になるような規則が後から生成変化する、ということがありうるのではないか、というものである。チェスのようなルールのはっきりしたゲームではなく、私が子どものころよくやっていたチャンバラ遊びなどでは、だれかが急に冠をかぶると、そこからその冠に意味を与える新しいルールが生み出されてしまう、といったようなことが実際によくあった。たとえば「萌え」は最初、おそらくはだれかの概念化されざる心的随伴物にすぎなかったであろう。しかし、思い余って誰かがそれに「萌え」という表現を与えたことによって、今ではそれは公共的に通用する言語の一部となった。最初の名づけはまさに洞察というべきで、そうした洞察によってわれわれの規則は変容していくわけである。もちろん私は、それによって「萌え」というみんなに共通の心的随伴物が生まれたとは考えないが、それでも最初は何らかの心的随伴物があったのでなければ、その概念が生まれることはありえなかったであろう（もちろん、概念論主張者がじつはゾンビであったり、デュシャンがじつはソーカルであることも、可能ではあるとはいえ）。

　さて、前述のように、私は冠をそのようには解釈しなかった（もちろん、いまでもしていない）。私の解釈は、この段落の議論をその前の段落の議論の続きと見るかぎり、正当化されるはずである。というか、そうでなければならない（という意味は、もしそうでなければウィトゲンシュタインはつまらない、という意味である）。「心的随伴物」の議論は「他人は、自分の表記法の中で私に例外的位置を認めることによって私が望んでいることを実行してくれるかもしれないが、それでもなお「私が実際（リアリー）に意味すること」が理解できてはならない、ということが本質的」なのだというあの議論からその帰結として出てきたものである。すなわち、ウィトゲンシュタインは、他人に理解されてはならない「私が実際（リアリー）に意味すること」を、私の心的随伴物とみなしたのである。この連関は重要で、『哲学探究』に頻出する後期ウィトゲンシュタインの心的随伴物批判の諸議論の源泉の少なくとも一つはこの誤認にあるだろう。単純化していえば、彼は「私だけに心的随伴物がある。しかし、その心的随伴物なるものは言語ゲームに関与していない」と考えたとみなしうる。すでに述べたように、私は独我論の問題と心的随伴物の問題はまったく独立であると考えている。それらを関係づけるには「心」という観念の起源を探る別の議論が必要とされるであろう。ここで重要なことは、「私が望むのは、他人が私の言っていることを理解するのは論理的に不可能である」ということである。すなわち、「私の言っていることを他人が理解する、と語ることは、偽ではなく、無意味であるべき」なのである。それゆえ、ただそれゆえにのみ、「私の表現は、哲学者たちによってさまざまな場面で使われる、他人に何かを伝えるのは本質的に不可能ではあるが、それを言う当人には何かが伝わるとみなされている多くの表現のうちの一つ」になるのでなければならない。この連関に「心的随伴物」を介入させる必要はない。

したがってまた、冠は決してゲームの中に入って来ることはない。冠は、かぶせられたとたんに、白のキングという意味に吸収されるからである。ではなぜ、その冠は、「その駒の使い方を変えない」にもかかわらず「自分にとって規則によっては表現できないある意味をそのゲームにおいて持っている」と言われるのか。なぜ、そんなことが言いたくなるのか。その理由は、その駒だけがじつは一人二役を演じているからである。喩えて言えば、盤面上にある一つの駒であると同時に盤面そのものでもあるような。すなわち、チェスの盤そのものも、他の駒たちも、もっと強く言えばチェスのルールさえも、じつはその一つの駒との関連においてしか存在できない、という、このゲームの内部には決して現われないメタ・ルールがじつはあるからである。

別の比喩を使えば、映画の中に登場している一人の登場人物がじつはその映画の画面そのものでもある、という構造である。彼はストーリー上はたんに登場人物の一人にすぎず、映画の中には彼と直接関係しないたくさんの登場人物とプロットが存在しているにもかかわらず、彼らはみな画面の中でふつうに死んでいけるのに対して、彼が死ぬ場合だけ――映画のストーリー展開とは無関係に――画面そのものが消滅してしまう。当然、その消滅を映画のストーリーにおいて表現する方法はない。ストーリーはストーリーで別の意味で継続していくからである。それはもはやアクトゥアリテートを欠いたレアリテートの内部だけの継続なのだが、そのこともまたレアリテートの内部で表現される方法はない（別の意味では何の問題もなく表現されてしまう）。この世界はそのような構造をしている。

幾何学的な目と物理的な目という分類をこれに結びつけるならば、他の登場人物たちは物理的な目しかもたないが、彼だけは物理的な目と幾何学的な目をもつ。世界には幾何学な目——すなわちおよそ何かが見える目——は、その一つしかないので、じつはその目の視野こそがすなわち映画の画面そのものである。ところが、その目はその画面の中に登場する一人物の物理的な目でもあるので、その物理的な目が唯一の幾何学的な目であることを、画面の中で表現する方法は存在しない。なぜなら画面の中では、その物理的な目が唯一の幾何学的な目であるなどという事実は、そもそも存在しないからである。それは、画面の中の事実ではないからだ。

それを画面の中の事実にする方法は、もちろん、ある。そのことをルールにすることである。おそらくはすでにお気づきのように、そのやり方は二種ある。一つは、すべての登場人物にその同じ構造を認めることである。その難点は、そうすると、いまや平等に幾何学的な目をもつことになったたくさんの登場人物のうち、なぜ現実にはこの幾何学的な目しかそのようなものとして働かないのか、という現実性（アクトゥアリテート）の問題が答えられずに残されてしまうことである。つまり、もともと物理的な目と幾何学的な目という分類によって説明されていたはずのことが、それでは説明できなくなるわけである。（このことはもちろん、自我とか主体といった概念一般の問題でもある。

いまやたくさん存在することになった自我たちのうち、なぜこの自我だけが現実の自我で他はじつは自我ではなく他我なのか、というこの差異の問題が、今度はそれによっては答えられない形で残ってしまうのである。）もう一つは、みんなに例外的な位置を認めてもらう、例の「用は足りる」のやりかたである。人々に「ルートウィッヒ・ウィトゲンシュタインは痛い」という代わりに「痛みがある」と言ってもらうということは、すなわち「世界が痛い」と言ってもらうことであるから、固有名の代わりとしては「世界」と呼んでもらうのが最も適切だろう。すなわち、冠はそのような呼称の喩(たと)えである。それをかぶせてもらっても、彼はやはり駒の一つにすぎない。

　以上がこの箇所に対する私の解釈――ウィトゲンシュタイン解釈というよりことがらそのものの解釈――である。別の表現で言い換えれば、冠はレアリテートにおいて表現されないアクトゥアリテートにおける差異をレアリテートの内部で表現しようとしたもの、ということになる。独我論の「私」のほか、前の節で述べた「現実世界」や「現在（今）」にも、この同じ構造が認められ（しかし「現赤」にはそれは認められない）、宗教の「神」にはそれらの鏡像のような面がある。

28 「歩きながら周りを見まわすときには……」

W 「これはここにある」といった表現は、私がそう言いながら視野の一部を指す場合には、他人に対して情報を伝えることはできないとはいえ、私にとってはある種の原初的な意味を持つ、といわれることが時にある。

私が「ただこれだけが見えている」と言うとき、われわれの言語の記号法においてまったく使い道がなくともきわめて自然に感じられる文があることが忘れられている。「a＝a」という同一律を考えてみよ。そして、ある対象を見て、「この木はこの木と同じ物だ」というような文を自分に繰り返すことによって、どれほど同一律の意味をつかんで視覚化しようと頑張るか、を考えてみよ。この文に意味を与えるかに見える私の身振りやイメージは、「ただこれが実際に見えている」の場合に私が使う身振りやイメージとよく似ているのだ。（哲学的問題を解明するには、形而上学的主張をしたくなる特定の状況の一見重要に見えない細部を意識することが役に立つ。そういうわけで、変化しない周囲を見つめるときには「ただこれだけが実際に見えてい言いたくなるかもしれないが、歩きながら周りを見まわすときには少しもそう言いたくはならないかもしれない。）

（原65　全118　文151　黒112）

N　この箇所については一言だけ。最後の観察に日本大学文理学部哲学科の私のゼミの学部学生の多くが異を唱えた。私は、まさにこんな箇所こそ「重要でない細部」だと思い込んでおり、たいして考えもせずにウィトゲンシュタインの言う通りだろうと思っていたので、これはたいへん意外なことであった。あまり哲学的議論に浸かっていない人々は（おそらくはそれが細部であること自体に気づかないがゆえに）ウィトゲンシュタインの要求どおりにおのずと細部が意識できるようである。まさにウィトゲンシュタインの言う通り、この出来事から得られる教訓は多い。

そういうわけで、もし変化しない周囲を見つめるときに「ただこれだけが実際に見えている」と言いたくなるのであれば、歩きながら周りを見まわすときでも、それはまったく変わらないようである。

29 「私」の客体用法と主体用法

W すでに述べたように、ある特定の人物がつねにあるいは一時的に例外的な位置を占めるような記号法を採用することには、何の異論もない。したがって、私が「ただ私だけが実際に見ている」という文を発話すると、私の仲間たちはさっそく彼らの表記法を私と一致するように変えてくれ、「ルートウィッヒ・ウィトゲンシュタインはこれこれを見ている」等々の代わりに「これこれが実際に見えている」等々と言うようにしてくれる、ということは考えられることである。しかしその場合でも、この表記法選択に私が根拠づけを与えることができると思うならそれは間違っている。私が心の底から、ただ私だけが実際に見ている、と言ったとき、私はまた、「私」という語で実際にはルートウィッヒ・ウィトゲンシュタインを意味してはいない、とも言いたかったのだ。仲間たちに分かってもらうために、私が本当に言いたかったことではないが、「実際に見ているのは、今は、ルートウィッヒ・ウィトゲンシュタインである」と言ったかもしれないが。私は、「私」という語で、今たまたまルートウィッヒ・ウィトゲンシュタインに宿っている、他人には見えないある何かを意味している、と言ってもよかったのだ。(私は私の心のことを言っているのだが、それを私は私の身体を通してしか指すことができなかった。) 他人たちに対して、彼らの表記法の中で私に例外的な位置を与えてくれるよう提案することは、べつに間違ってはいない。しかし、私がその提案に与えたいと望んでいる、この身体はいま真に生きているものの座になっているからという根拠づけは、無意味である。なぜなら、それはいうまでもなく、ふつうの意味での経験的なことがらを述べているわけではないからである。(そして、私だけがその特定の体験をもちうる位置にいるがゆえに私だけが知りうる経験的命題なのだ、と考えてはならない。)

さて、真の私が私の身体に宿っているという考えは、「私」という語の特異な文法と、その文法が引き起こしがちな誤解に結びついている。「私」(あるいは「私の」)という語の使い方には、「客体としての用法」と「主体としての用法」と呼びうる、二つの異なる場合がある。前者の例としては、「私の腕が折れる」、「私は六インチ背が伸びた」、「私の額にコブがある」、「風が私の髪を吹き乱す」、といったものが挙げられる。後者の例は、「私にはこれこれが見える」、「私にはこれこれが聞こえる」、「私は腕を挙げようとする」、「私は雨が降ると思う」、「私は歯が痛い」、といったもののである。二種のカテゴリーの違いを、次のように言うことによって指摘することもできる。第一のカテゴリーの場合は、特定の人物を識別することが含まれており、そこには誤りの可能性がある。あるいはむしろこう言うべきだろう、誤りの可能性が設定されている、と。スマートボールには、得点しそこなう可能性が設定されている。他方、コインを入れてもボールが出てこないことは、そのゲームにおいて設定されている可能性ではない。私が事故に遭って腕に痛みを感じ、かたわらに折れた腕が見えたので私の腕だと思ったのだが、じつはそれは隣の人の腕だった、ということは可能である。また私は鏡を見て、隣の人の額のコブを私の額のコブだと間違えることもありうる。これに対して、「私は歯が痛い」と言う場合には、ある人物を識別するという問題は存在しない。「痛みを感じているのがあなただということは確かですか？」と聞くとしたら、それは馬鹿げているだろう。さて、この場合にはいかなる誤りも不可能であるのは、われわれが誤りであると、つまり「悪い手」であると、考えたくなるかもしれない指し手は、そもそもこのゲームの指し手ではないからである。（チェスには良い手と悪い手の区別がある。そして、クイーンをビショップが動ける範囲内にさらせば、それは悪い手と呼ばれる。しかし、ポーンをキングに成り駒させるのは悪い手とは呼ばれない。）

そして今、このようにわれわれの考えを述べてくると、おのずと次のようなことに思いいたる。「私は歯が痛い」という言明をするとき、他の人のことを私自身だと取り違えていた、などということが不可能であるのは、だれか他人を私と取り違えて、誤ってその痛みにうめき声を上げる、などということが不可能であるのと同じことなのである。「私は痛い」と言うことは、うめくことがそうでないのと同様、ある特定の人物についての言明ではない。「だが、ある人が口にする「私」という語は、たしかにそれを言う人を指示する。それは彼自身を指さす。そして、きわめて多くの場合に、「私」と言う人は現実に指で自分を指さす。」しかし、自分を指さすのはまったくよけいなのだ。ただ手をあげただけでよかったのだ。だれかが手で太陽を指さすとき、彼が指さしているのだから、彼は太陽と彼自身の両方を指している、と言うことは誤りである。とはいえ、指さすことによって彼は太陽と彼の両方に注意を引きつけるかもしれない。（原66　全119　文152　黒112）

N　今回も長い一段落を三段落に分けた。

最初の段落は、「用は足りる」が「理解できてはならない」というあの議論の、別の観点からの反復である。ここでの重要な論点は、「この表記法選択に私が根拠づけを与えることができると思うならそれは間違っている」という点である。他人たちが彼らの表記法の中で私に例外的な位置を与えてくれたとしても、それは決して私がそのことに与えるその根拠によってであることはできない。たとえば第一人称代名詞として、私は「実私」を使い、他人たちは「虚私」を使うという表記法を、ある言語共同体が採用してくれることはありうることだが、私がそのことに与える根拠によってそうすることは決してできない。なぜなら、私がそのことに与える根拠は、そもそも人々と共通の地平における事実ではないからだ。この必然的なずれこそが決定的に重要なのである。

　かりにもし他人たちが、私がそのことに与えるその理由によって、彼らの表記法の中で私に例外的な位置を与えてくれたとしたらどうなるだろうか。すなわち、たんに表記法としてだけ私を特別扱いしてくれるのではなく、文字通り私の独我論を心から受け入れたらどうなるだろうか。だが、そんなことは決してできないのだ。それはちょうど、私の夢の中の登場人物たちが、夢の中の私に向かって、これはあなたの夢で、われわれはその登場人物にすぎない、という真理を語ることができないのと同じことである。彼らが夢の中の登場人物であれば、その夢に言及できるはずがない。ちなみに、このことこそがいわゆる夢の懐疑の真の意味ではないだろうか。ポイントは、この型の問題は他人の証言がまったく当てにできないことにある。われわれの言語はこの種の真理を――ということはつまり虚偽であるならば虚偽であるということもまた――語れるようにできてはいない。

夢にかんしては時間的他者の出現が問題を解決するように設定されているが、独我論にかんしてはその可能性も絶たれている。したがって、夢にかんしてはその内外を越境できる私が――「これは夢だ」という真理は語れないにもかかわらず――「あれは夢だった」という真理を語ることはでき、したがってその時点では「これは夢だ」が真理であったことに後からなりうる。とはいえ、それもまた夢かもしれない、と今度はその時点で疑うことができ、それがどこまでも続く。というのがラディカルな夢の懐疑で、もし最初からそこまで一気に考えれば、構造は独我論のそれに似てくる。

さて、世界が一面で独我論的なあり方をしていることは否定しがたい。実際に痛かったり悲しかったり見たり聞いたりするのは、この私だけだから。この事実は動かしがたい。ところが、このことを言語で語ることはできない。他人に対しても、自分自身に対しても。この「実際に」や「この」は言語としては働かない。なぜなら他人も同じ権利で「実際に痛かったり悲しかったり見たり聞いたりするのは、この私だけだ」と言えるからである。初めからその地平で、言語は成り立っている。どちらのリアリティを真に重視するかはじつは決定不可能なのである。

ちなみに、かつてあるテレビ番組で爆笑問題という漫才コンビと鼎談したとき、私はこの問題との関連で「夢の中でも人を殺してはいけないか、それとも夢の中ならよいか」という問いを提出した。お二人とも「夢の中ならよい」というご意見であった。私は、もし夢の外の現実世界でいけないのなら、夢の中でもいけないので̇な̇け̇れ̇ば̇な̇ら̇な̇い̇、という意見であった。もし夢の中でよいなら、この世界でも究極的にはよいことになるからである。この世界は、一面では覚めない夢のような構造をしている。これはきわめて興味深く、しかも現実的な問題なのだと思うが、この部分は放送されなかった。たぶん、担当者が論点を理解できなかったからであろう。

次の段落では、有名な「私」の主体用法と客体用法の区別が導入される。そもそもこの区別は、「真に生きているもの」あるいは「真の私」がいま私の身体に宿っている、というような「誤解」を引き起こす原因として導入されており、その導入時において論点が戯画化されている。これまで想定され論じられてきたウィトゲンシュタイン的独我論者がそのような——「真に生きているもの」が自分の身体に「宿る」というような——妄想的な考えを抱く必要はないので、この議論の進め方には公平さを欠く印象がある。そしてもし、ウィトゲンシュタインがウィトゲンシュタイン的独我論そのものを「誤解」とみなしてその原因をこの「特異な文法」の存在に認めているとすれば、それははっきりと誤診である。この箇所のこの議論は、これまで論じてきた諸々の議論の中でも最もできのよくないものだと私は思うが、なぜかその後の分析哲学の世界でひじょうに重視されており、シドニー・シューメイカーをはじめとする哲学者たちがこぞってここのウィトゲンシュタインの顰（ひそみ）に倣って、この区別を出発点としてこの問題を論じている。もちろん、私はそれらのすべてが本質的に謬論であると考えているが、彼の影響下にある哲学者たちの議論については別の機会に（しかし、近い将来）くわしく論じることにして、ここではウィトゲンシュタイン自身にしぼって、この議論こそが「誤解」であると私が考える理由を簡潔に述べておきたい。ここでいわば、何が病気で何が病因（病気を引き起こす遠因）であるかの認定が、彼および彼らと私のあいだで逆転することになる。もちろん私は、文法的事実を病気とはみなさないとはいえ、それを結果ではなく病因（病気を引き起こす遠因）であるとみなすことは病気であるとみなすわけである。

まず、きわめて単純な疑問がある。そもそも何らかの文法の存在が原因となって形而上学的（な誤った）主張が生まれるなどということが本当にあるだろうか。それはそもそもウィトゲンシュタインその人の妄想――つまり彼の病気――なのではあるまいか。あるいは、控えめに言っても、どちらが病気でどちらが病因（病気を引き起こす遠因）であるかは決定不可能であるはずではないのか。すなわち、一般的にいえば、ある形而上学的事実がじつは文法的事実に由来しているという主張と、逆に、その文法的事実がじつは形而上学的事実に由来しているという主張は、どちらが正しいか決着がつけられないはずのものではないのか。一方的に前者を主張するウィトゲンシュタイン（およびその影響下にある分析哲学者）に、ほんとうに根拠があるのか。一般論としては、ふつうに信じられている方を逆転して見せるのは、たしかに見事な芸ではあるが、ただそれだけのことではないだろうか。

さて、ウィトゲンシュタインは、客体としての用法の場合には、多くの人物の中からある特定の人物を識別し、そいつをピックアップする、という働きが含まれているので、そのピックアップの仕方を間違える可能性があるが、主体としての用法の場合には、そのように特定の人物を識別してピックアップするという働きが含まれていないので、ピックアップの仕方を間違える可能性もない、と言っている。今日では「識別」のかわりに「同定（identification）」という語が使われることが多く、こちらを使って主体としての用法の場合を言い直せば、「同定に基づかない」がゆえに「誤同定による誤りに対して免疫をもつ」、のような言い方がされる。注目すべきは、ここでウィトゲンシュタインはこれをわざわざ「誤りの可能性が設定されている（provided）」と言い換え、スマートボールに得点しそこなう可能性が「設定されている」こととの類似性を意図的に強調していることである。私が疑うのは、まさにその点である。

スマートボールに得点しそこなう可能性が設定されているのは、われわれがスマートボールというゲームをそのように作ったからである。同様に、ポーンをキングに成り駒させられないのも、チェスというゲームをそのように作ったからである。しかし、「私」という語の二つの用法の区別は、われわれがそういうゲームを作ったからそうなっているのではあるまい。そもそもわれわれはそんなゲームを作った覚えはないし、もし作ったのだとすると、何のためにわざわざそんな複雑なルールを「設定した」のかが謎になるだろう。そのルールは、恣意的な（つまりそのように作られないこともまた可能な）ルールとして、根拠なくいきなりそう「設定された（provided）」のではなく、そのルールの外にある何らかの事実を表現するために、そうでしかありえないものとして、つまり非恣意的にそう作られたと考えざるをえないだろう。「同定に基づかない」がゆえに「誤同定による誤りに対して免疫をもつ」

場合と、「同定に基づく」がゆえに「誤同定による誤りに対して免疫をもたない」場合の区別が、たんなる文法規則としていきなり与えられた、などという話を信じることができようか。

ウィトゲンシュタインの説明では、そもそもなぜそんな区別があるのか、が説明できない。それはもはや説明不可能な、「文法」という名の神秘的所与として、前提されるしかないことになる。しかし、それが事実に反することは明らかではなかろうか。どこかに痛みを感じたときには、「痛みを感じているのが私だということは確かだろうか」と疑うことはありえないが、風で髪が乱れた自分の後ろ姿が映像に映ったときには、「髪が乱れているあの後ろ姿が私だということは確かだろうか」と疑うことはありうるのは、「私」という語の文法（使い方の規則）がそのように決められているからではあるまい。もしそうだとしたら、なぜそもそも規則は（世界中で！）そのように決められていて、なぜわれわれは勝手にそう決められた（適用の仕方もそう複雑なはずの）規則をかくも容易に習得できて、しかも何の疑問も感じずに唯々諾々と従っているのだろうか。この規則を適用する際に（つまり、たとえば「痛みを感じているのが私だということは確かだろうか」とは決して疑わないのに「髪が乱れているあの後ろ姿が私だということは確かだろうか」と疑ったりする際に）、われわれは、チェスをするときなどとは違って、規則を参照することによってそうするのではなく、むしろ直接に事実を参照することによってそうしてはいないか。以前にウィトゲンシュタインが引き合いに出していた地図の比喩でいうなら、もちろんどのように州を区切るかというような任意の取り決めに属する問題もあるとはいえ、あらかじめ存在する地理上の事実に着目してそれをどのように分類表記するかという問題もまたあり、このケースは後者でのケースではないか。

後者の場合、文法は言語外の事実の反映であってその逆ではない。では、なぜ「私」にはこの二種の用法があるのだろうか。客体としての用法にかんしては事情ははっきりしているだろう。「私」によって指されるものは、他の物体と同じように世界の中にあってほどよく区切られた身体という名の対象であるから。しかし、主体としての用法の場合には事情はそれほど簡単ではない。まず明らかなことは、身体と同じように世界の中にあってほどよく区切られた「心」という名の対象などは存在しないということである。心というものもまたちゃんとふつうに実在していると考える（たとえば）心身二元論者を、ウィトゲンシュタイン的文法主義者とよく闘わせることはできない。その考え方では、主体としての用法がなぜ「同定に基づかない」がゆえに「誤同定による誤りに対して免疫をもつ」ことになるのかが説明できない。なぜなら、その場合には、心もまた——身体と同様——たくさんの心たちのうちから自分のそれを識別して「同定」せざるをえないであろうから。いったいなぜ、主体としての用法の場合には他からの識別（それの同定）を必要としないのか。

それは、そもそも「他」が存在しないからである。森羅万象という意味での「世界」が他からの識別（それの同定）を必要としないのと同じことである。すなわち、文法主義者でもなく、（彼と対立するであろう）心身二元論者でもなく、独我論者こそが、そしてただ独我論者だけが、事態の正しく精確な描写を与えているのである。痛みを感じたとき、絶対に「痛いのは私だろうか」などと疑わないのは、そもそも世界には現実に痛みを感じることができるものは一つしかなく、それがすなわち私だからであって、それ以外の理由はありえない。私というものがそのことと独立に存在してそいつが痛かったり悲しかったりするわけではなく、そのことがすなわち私ということなのである。言い方を変えれば、私が痛いことはすなわち世界が痛いことであり、私が悲しいことは世界が悲しいこと、……なのである。この端的な（まさしく独我論的な！）事実こそが、「私」の主体としての用法が存在する根拠であって、その逆ではない。

この考え方は多くの人にとって驚くべきものであって、人によってはトンデモの類だと思うかもしれない。しかし、常識的偏見と哲学的偏見の双方を振り払って、事態をまったくありのままに、素直に見れば、実際にそうなっているとしか言いようがないだろう。いわゆる心身問題にどういう立場を取るかということ以前に、そもそも心なるものが複数個対等に並んで存在するなどという事実はなく、なぜかそのうちのただ一人だけが（なんと驚くべきことに）現実に感じるという例外的なあり方で存在しているという事実がある。この事実から目を背けるべきではないだろう。

先ほど、もし複数個対等に並んで存在するなら、心もまた――身体と同様――たくさんの心たちのうちから自分のそれを識別して「同定」せざるをえないことになる、と言ったが、しかし、そのような状況で、どうやって自分を他から識別できようか。自分を他から識別するとは、まさにこのような唯一のものは諸身体のうちのどれであるかを特定することであるから、まずはそのような唯一のものがなければ、自己同定などそもそも不可能であろう。だから、もし主体が事物のように並列的に複数個存在したなら、主体と身体とを対応させることなどそもそもできないだろう。

だが、だれもが気づくであろうように、以上のような説明の仕方には重大な難点がある。それは、それならなぜ他人にも「私」の主体としての用法がゆるされるのか、という疑問に答えられない、という点である。いや、一歩譲って他人は勝手にその用法で「私」を使う（あるいはその振りをする）のだとしても、なぜ私はその用法で他人によって使われた「私」の意味をそれとして理解できるのだろうか。ここには、原理的に一つしかありえないものの複数性という問題がある。

この問題が難しいのは、この世の中にこれと同じ種類の現象がほかにはなく、類比的な説明（「ほら、こういうことがあるでしょ、あれと同じことだよ」という説明）ができないからである。とはいえ、これと型において似た現象はある。すでに言及したことがある時間における「今（現在）」の問題である。まずはちょっとだけ、それで考えてみよう。

今というものは心的なものでも物的なものでもないが、「今」にも主体としての用法と客体としての用法にあたるものがある。客体としての用法の場合には、多くの時点の中からある特定の時点を識別し、その時点をピックアップするという働きが含まれている。だから、そのピックアップの仕方を間違える可能性がある。主体としての用法の場合には、そのように特定の時点を識別してピックアップするという働きが含まれていないので、ピックアップの仕方を間違える可能性もない。つまり、同定に基づく場合と、基づかない場合である。さて、ではなぜ、主体としての用法に対応する用法の場合には、今がいつだかも知らずに、今であると分かり、誤って今でないときを指してしまう可能性がないのか。答えは独今論に基づくものしかありえないだろう。すなわち、そもそも今しかないからである。わざわざそこからおのれを識別しなければならないような、並列される他の時点などはそもそもなく、並列されるかに見える他の時点（過去や未来の時点）もじつは今においてあるだけである。時間は等質的な構造をしておらず、なぜか今（現在）という特殊なものがあって、すべてがそこに吸収され続けていく（この「続けていく」ということも含めて）特殊な構造をしている。時間というものが少なくとも一面ではそういう構造をしていることは、たんに与えられた事実であるから、だれも否定できないであろう。

さてところで、今は現実には一つしかない。これを書いているこの時点だけである。このことはまったく疑う余地がなく、しかも、幸か不幸か、現実に私は、今が三月であることは知っているが、その何日で何時何分か、を知らない。ところが、これを読んだ読者は、何ヵ月も何年も前に書かれたこの「今」を、主体としての用法にあたるものとして言われた意味で理解することができる。私自身も、後から読めば同じである。つまり、異時点の独今論という不可解なものをわれわれは理解できるのだ。なぜ不可解かといえば、独今論とは、すべてはこの今において与えられており、それ以外のものはそもそもないという思想なのに、異時点の独今論とはまさにその思想の対極にある思想だからである。ちょうど独我論者にとって他人の独我論こそが最も対極にある思想であるように。

ここで注意すべきことは二つある。まず第一に、異時点の独今論を理解するとき、われわれはそれをどのように理解するだろうか。その「今」とは、（いつだか知らないが）その時点にとってのその時点のことであり、その時点にとってその時点は直接的に知られるから、誤りの余地も疑いの余地もない、と理解するのだろうか。そうではない。「今」が客観的に見たその時点（その発語がなされた時点）を指しているかどうかはじつは関係ない。「私」がそう発語した口のついている人を指しているかどうかは関係ないのと同様に。ここに、その時点などというものが介入している必要はないのだ。「私」においてその人などというものが介入してくる必要がないのと同様に。私だと思えば私である（もっと精確にいえば、思えば私である）のと同様に、今だと思えば今である（もっと精確にいえば、思えば今である）のだから。

第二にただし、もちろん過去にかんしては記憶という特殊なものがあるので、話は複雑になる。「私」の場合との類比としてはむしろ未来のほうがふさわしい。未来の今にかんしても、それが主体としての用法と類比的な構造を持つことを、われわれはすでに（つまりそれを経験する前に）知っている。しかし、知っているというのはじつは嘘である。未来に今があるかどうか、われわれはじつは知らない、ともいえるからだ。何しろ未来なのだから、どうなるかわからない、ともいえるだろう。これは、他人に「私」があるかどうか、じつは私は知らない、という話と同型である。しかしまた、未来であろうと、どの時点にもその時の「今」があることを、われわれはすでに知っているともいえよう。他人の場合もそうであるように。

論点をひとことで要約するなら、すべてがそれにおいてあるはずの唯一のものの複数化、もっと短くすれば、並列できないものの並列、である。

映画の中に登場している一人の登場人物がじつはその映画の画面そのものでもある、というあの比喩でいうなら、なぜかそれが端的な事実であるから、私は「私」の主体としての用法を規則を参照せずに自明のごとく行使できるのだが、その同じ用法をその端的な事実に反して他人にも許容し、その意味を理解している（典型的には、デカルトという他人が言った「我思う、ゆえに我あり」の意味を理解してしまっている）。ということはつまり、映画の中に登場している他の登場人物もじつはその映画の画面そのものでもある、という端的な事実に反する（それが端的な事実だからこそ私は主体としての用法を問題なく行使できているはずのその当の事実に反する）ことを、ある意味では承認してしまっていることになる。いわば、他人の独我論という最も独我論に反する思想を受け入れてしまっていることになる。

この場合には、まさしく「特異な文法」が適用されている。逆に言えば、このようにすることがすなわちその「特異な文法」を作り出すことである。つまり、他人が「痛みを感じているのは私だということは確かだろうか」と決して疑わないとき、他人もまた何らかの形而上学的事実に基づいてそうしているはずだ、というその理解そのものが「特異な文法」の適用によって構成されることになる。私自身の場合とは方向が逆だが、方向が逆なだけで、事象内容的には同じことが起こることになるから、どちらもたんなる規則の適用とみなされることになる。私の用語を使うなら、アクトゥアリテートにおける違いはレアリテートにおいては現われない、ということである。しかも、いま述べたことはさらに、他人の「私」から出発しても同じことが起こると理解されうるため、私による「私」の主体としての使用も、他人たちからは（他人自身の場合とは違って）この文法規則を適用して（そして文法規則を適用したものとして）理解されるであろう、と私が理解することができることになる。まさにこのことこそが「特異な文法」の特異性なのである。

その場合、画面はだれのものなのか。現実には私のものである。しかし、「現実には私のものである」という他人の主張も認めることによって、「現実に」の意味がいわば非現実化する。可能化するといってもよいが、それは私がその人であることが可能であるという意味ではない。すでに検討したように、それは独我論においても――いや独我論においてこそ――可能な事態なのであって、いまここで「可能」というのはそのような事態ではなく、独我論が本質的に拒否する、私が唯一の現実の私であると同時に、そして同等に、その人もまたそれとまったく同じことを主張する権利がある、という意味において「可能的に「現実の私である」」という事態である。この意味での可能化によってはじめて「人称」という文法装置ができあがるので、これを「人称化」と呼んでもよい（もちろん、同じことは「時制化」についてもいえる）。「人称化」と「時制化」が言語の基礎なので、これをさらに「言語化」とか「意味化」とか呼ぶこともできる。そうすると、この段落の冒頭で語った「現実には私のものである」もまた言語化・意味化を経て読者に伝わるのであるから、循環が生じているともいえる。

原初に与えられているこの今なしには（諸時点において適用できるものとしての）「今」概念は理解できないのと同様に、原初的に与えられている私なしには（諸主体において適用できるものとしての）「私」概念は理解できない、という事実はたしかにあるのだが、そのこと自体がいま述べた意味で可能化してしまうわけである。

「私」の事象内容的規定――「その目からだけ現実に世界が見えており、その身体だけが殴られると本当に痛く、その身体だけを実際に動かせる、唯一の人」とか、「その記憶や予期や意図……だけが現実に直接与えられているようなある特別な心」――についても同じことがいえる。

しかし、このことによって各主体が対等化・平準化されてしまうことはなく、どこまでも落差が残り続ける。なぜなら、もし他人たちもまた上に述べた「私」の事象内容的規定によって自己を識別しているなら、対等にそうである諸「私」たちから、私はさらに私の「私」を識別する必要があるからである。じつはこの基準をただ適用するだけでは、たくさんの人々のうちのどれが私であるかを識別することは決してできないのである。(「同定に基づかない自己知」といった基準についてもまったく同じことがいえる。この基準だけでどれが私であるか自動的に選び出せるわけではない。どれかが現に私であるという原初の事実が与えられていなければ、この基準自体がそもそも適用できない。だが、他人の場合を理解するには、この原初の事実のほうは要らず、ただこの基準の適用だけでじゅうぶんなのである。そしてさらに、先ほども述べたように、このことは他人の「私」から出発しても同じことがいえるため、私の同定に基づかない自己知も、他人たちからはこの基準をたんに適用して――そして基準のたんなる適用として――理解されるであろう、と私が理解することができることになる。）

　そこで次図のような累進構造が成立する。

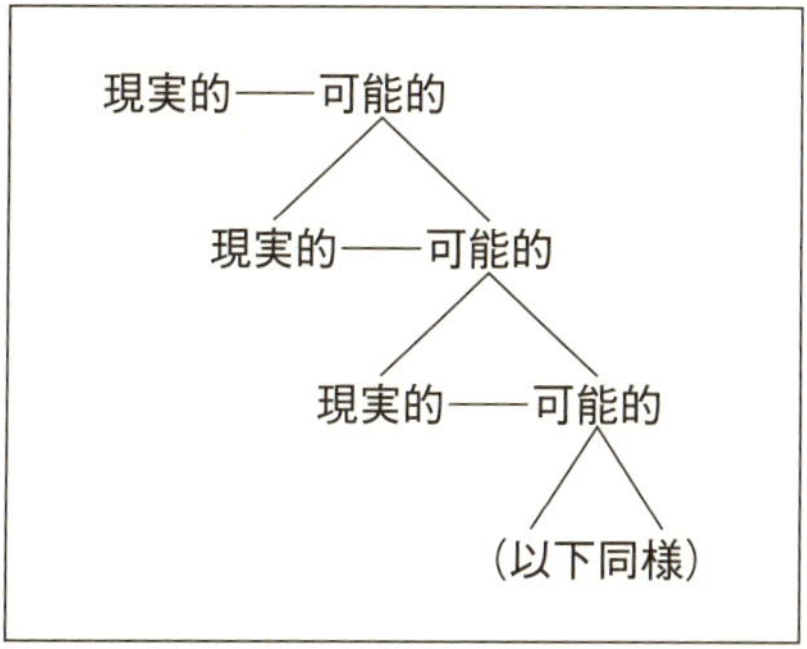

どこをとっても同じ構造が成立しているから、言葉は通じているが、しかし、実際に現実的である最終現実性（最上段・最左端）は言語で語ることはできない。

　第三段落では、「「私は歯が痛い」という言明をするとき、他の人のことを私自身だと取り違えていた、などということが不可能であるのは、だれか他人を私と取り違えて、誤ってその痛みにうめき声を上げる、などということが不可能であるのと同じこと」であるという、同定に基づかない自己知の表出説が主張されている。しかしもちろん、表出と無関係な体験の自己知もありうるだろう。そもそも「他人を私と取り違えて、誤ってその痛みにうめき声を上げる」ことが「不可能」であるのは、チェスやスマートボールの規則の場合のように、誤りの可能性が「設定されていない」からなのであろうか。この不可能性は文法規則（規約）によるものなのだろうか。おそらくは、そうではあるまい。自分の痛みにうめく際に（そして他人の痛みにうめかない際に）、何らかの規則を参照してそうしている人はいないだろう。規則なら従い方を間違えることがありうるはず（ポーンをキングに成り駒させるとか）だが、他人の痛みを自分のそれだと誤認する（そしてそれにうめき声を出す）ことはありえない。この「ありえなさ」は規則によるそれではありえないだろう。

いや、そうだろうか。たとえば私が「他人Aが他人Bの痛みを自分の痛みだと誤認してそれにうめくことはありえない」と判断するとき、少なくともそのある部分には文法規則が使われているであろう。人物の個別化の仕方と体験の帰属のさせ方にかんする文法規則を（少なくとも「他人の体験を自分のそれだと誤認することはありえない」の部分には）適用しているはずである。そうでなければ、この判断は成立しないし、以前にやったような人格同一性にかんするさまざまな思考実験をする場合にも、この文法規則が規約として前提にされているはずである。

とすると、「他人の痛みは痛くない」には三重の真理が含まれており、三重の意味を持ちうることになる。第一に、それは端的な独我論に基づく形而上学的な真理である。なぜだか知らないが、およそ何かを感じるのは私だけである（むしろ何かを感じるもののことを「私」というのだが、それはなぜかこの一つだけである）のだから、他人の痛みはそもそも存在しない。これは、先の累進図で最上段においてだけ成立している形而上学的真理であり、言語的に伝わるときには下段に落ちる（しかし、各自がそこを切り取ることで自分で形而上学的意味を与えることはできる）。第二に、それは言語規則に基づく文法的真理である。A、B、Cの三人が（三個の主体が）存在するとき、彼らの身体の物理的構造がどうなっていようと、彼らが身体間を移動しようと、一つの身体に周期的に出現しようと、さらに過激には記憶を渡り歩こうと、AはBとCの痛みを痛むことはできず、BはAとCの痛みを痛むことはできず、CはAとBの痛みを痛むことはできない。すなわち、任意の私はその他者の痛みを感じることができない。これは形而上学的真理でもなければ事実問題でもなく文法規則である。第三に、それは、生物のあり方に基づく事実的真理である。A、B、Cの三人（三匹の生き物）が存在するとき、AはBやCの痛みによって思わずうめき声を上げることはできず、BはAやCに対して、CはAやBに対して、それぞれそうである。これは形而上学的真理でもなければ文法的真理でもなく、経験的な事実である。

ただしもちろん、AがBやCの痛みによってうめけないのは、規約によってBやC

の痛みを体験できないからだ、と考えれば、第二と第三は同化する。そして第一も、その独我論的私もまたふつうに生き物としてうめく、という事実を考慮に入れれば、結局、すべてを同化させることができる。もちろん、それができたからといって、これらの差異が消え去るわけではない。

第一の第二と第三への同化は、うめきなどを持ち出さなくても、すなわちそもそもその種の自然表出などを持ち出さなくても、独我論的私もまた他の人々と同様に身体を持ち、その身体に口がついており、その口から「私」と言い、その口からしか「私」と言えない、という事実を媒介にすることによって確保できる。「「私は痛い」と言うことは、うめくことがそうでないのと同様、ある特定の人物についての言明ではない」というウィトゲンシュタインの発言は、むしろ独我論寄りに解釈可能（「うめくことがそうでないのと同様」を除けばほぼ独我論）だが、その言明がつねにある特定の口から発せられざるをえないという自然的事実を考慮に入れれば（うめきへの言及なしにでも）、それがつねに「ある特定の人物についての言明」化されることが理解され、ただそれだけでその独我論的傾向は中和されることになるだろう。（だが31を参照せよ。）

30　個々の身体に口がついていることの意義

W　「私」という語は、私がルートウィッヒ・ウィトゲンシュタインであるにせよ、「ルートウィッヒ・ウィトゲンシュタイン」と同じことを意味してはいないし、「いま話している人」という表現と同じことを意味してもいない。しかし、それは「ルートウィッヒ・ウィトゲンシュタイン」と「私」が別のものであるということを意味するわけではない。要するに、それらはわれわれの言語における異なる道具である、ということを意味しているにすぎない。

語をその使い方によって特徴づけられた道具だと考えてみよ。そしてハンマーの使い方、のみの使い方、直角定規の使い方、糊壺の使い方、糊の使い方について考えてみよ。(またもや、ここでわれわれが言っていることのすべては、ただわれわれの言語の文を使って多種多様なゲームがおこなわれていることを理解したときにのみ理解されうる。命令をしたりそれに従ったりする、質問をしたりそれに答えたりする、ある出来事を描写する、作り話をする、冗談を言う、直接的体験を描写する、物理的世界の出来事について推測をする、科学的な仮説や理論を作る、人に挨拶する、等々。）発言しようとしているのは私である、歯が痛いのは私である、ということを示そうとして、「私」と言う口や挙げられる手は、そのことによって何かを指すわけではない。他方で、もし私が痛みの場所を指したいと思えば、私は指す。ここでもまた、目によって導かれずに痛い場所を指すことと、それを目で探してから後で身体の傷跡を指すこととの違いを忘れてはならない（「ここが予防注射をされた場所だ」）。――痛みで泣き叫ぶ人や、痛みを感じていると言う人は、それを言う口を選ばない。

（原67　全121　文155　黒115）

N　「私」と言う口や挙げられる手は何かを指すわけではない、と言われているが、言う口と挙げる手の違いは大きいだろう。何かを言えば口は自然に動くから、発言者がその口によってだれが発言しているかを伝達しようと意図していることはまずないが、手は意図的に挙げられるので、むしろだれが発言しているかを伝達しようと意図している場合は多いであろう（挙手とともに「私」と発語される場合の「私」もそうである）。そして、その意図のない口の動きでさえも、結果的にはだれが発言しているかを伝達する機能を果たしている。この事実は、じつはきわめて重大な働きをしている。なぜなら、もし発言の際に動いてそこから音を出す口にあたるものが身体についていなかったなら、つまりどこからその音が出ているのかが他の感覚器官によって確認できなかったら、「私」という語は現在もつような機能をもちえていなかったであろうから。口にかんしても、いわば幾何学的口と物理的口の対比が可能であり、それらが事実的に符合していることのもつ意味はきわめて大きい。

とはいえ、ウィトゲンシュタインに反して、「私」という語がどのように使われるかという問題は、究極的には、私とは何かという哲学的な問題と無関係である。この二つを混同することはゆるされない。たとえば、私が紙に「私はいま不在です」と書いて、隣の飯田隆さんの研究室のドアに貼る、という「私」の用法もありうるが、そういう問題は興味深くはあるが、私とは何かという形而上学的問題とは別の問題である。

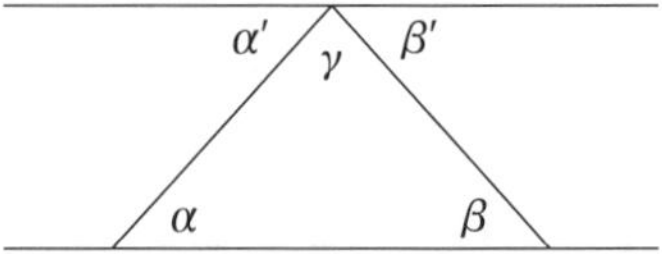

W

31　痛みを感じている人は口から泣き声を出している人か？

これらすべては結局、われわれが「彼は痛みを感じている」と言う人物は、ゲームの規則によって、泣いたり顔をしかめたりする人である、ということに帰着する。痛みの場所は——前に言ったように——他人の身体にあることもできる。私が「私」と言いながら自分の身体を指さす場合、私は「この人」や「彼」といった指示詞の使い方をモデルにして「私」という語を使っている。（二つの表現を類似させるこのやり方は、数学において、たとえば三角形の内角の和が一八〇度であることの証明において、ときどき採用される方法といくらか類比的である。われわれは、「$\alpha=\alpha'$、$\beta=\beta'$、そして、$\underline{\gamma=\gamma}$」と言うが、最初の二つの等式は三番目の等式とはまったく種類が違う。）「私は痛い」において、「私」は指示代名詞ではない。

（原68　全122　文156　黒115）

N **29**での私の議論をもとにすれば、冒頭でウィトゲンシュタインが言っていることは短絡的である。「彼は痛みを感じている」と言われる人物は、ゲームの規則によって、泣いたり顔をしかめたりする人である、とそう簡単には言えないはずだからである。

ウィトゲンシュタインは、痛みの場所は「他人の身体にあることもできる」と認めているにもかかわらず、痛みを感じる人は「泣いたり顔をしかめたりする人」でなければならないと決め込んでいるが、当然、これもそんなに簡単な話ではない。むしろ、痛みを感じる場所にかんするウィトゲンシュタインの考察の精神を貫徹するなら、当然、痛みを表出する口（および顔など）もまた、「他人の身体にあることもできる」としなければならないはずである。そうしないのは、医師（治療者）としての彼が、治療の成功を言い立てるのに都合がいいように、患者（病人）としての自分の症状を（つまり独我論を）意図的に軽く診断しているからではあるまいか。ここでは自分の治療法に対する過信が、むしろ症状を診る目を曇らせているように思われる。

N、Y、Cという三人の人間を考えよ。彼らはたんなる三個の人体ではなく、独立の記憶をもったごくふつうの三人の人間であるとする（アイドル・グループに属する三人の少年であると考えてもよい）。さて、いまCの身体の左手に何らかの衝撃が加わり、Cの左手のある部分が損傷を被ったとする。当然、損傷を被ったその箇所に痛みが感じられる。損傷を被り、痛みが感じられるその箇所が、当然また治療を受けるべき箇所でもある。ところで、なぜかC自身は痛くも痒くもない、としよう。Cの左手に強い衝撃が加わり損傷を被った痛みが生じた瞬間、顔をしかめ、口からうめき声を発したのは付近にいたNであった。そのうめき声の延長線上に、Nはまた言語によって「痛い、痛い」と発語もしたとする。この「痛い、痛い」は日本語では「私は」をともなうのは不自然だが、英語であれば必ずしもそうでもあるまい。だから、Nの口から「私は痛い」という意味の言葉が発せられたと想定してもよい。さて、ところで、そのNもまた、痛くも痒くも感じてはいない、としよう。彼の役割は（主として口からの）表出者という役割にすぎない。実際に痛いのは、CでもNでもなく、彼らの付近にいたYという第三の人物である。彼は、Cの左手が損傷を被った瞬間、そこに痛みを感じた人物であり、だからおそらくは思わず、しかしなぜかNの口から、うめき声を発しかつ「私は痛い」と発語した人物でもある。その証拠に、Cはその衝撃と損傷にもかかわらず、Nは表出と発語にもかかわらず、自分が何も感じないことを不思議に思っているのに対して、Yは、自分が突如としてなぜかCの身体に痛みを感じ、なぜかNの口からうめき声を発したことを、たいへん不思議に思っている。

この思考実験は、痛みを感じている人物が「ゲームの規則によって、泣いたり顔をしかめたりする人である」という主張の反例となりうるだろう。では、痛みを感じているのがYであることはどうしてわかるのか。こう問われたなら、Y自身にとって直接的に、と答えるほかはあるまい。もちろん、他人には決してわからない。なにしろ、Yの身体はいかなる損傷も被っておらず、Yの身体はいかなる痛みの反応もしていないのだから。もしYにはなぜ自分の痛みだとわかるのか、と問われたなら、Yの独我論によって、と答えるべきであろう。Yが私である世界（現実に感覚が生じるのはYだけである世界）において、世界に痛みが生起するとはすなわちYが痛いことなのだから、痛みを感じたのはYである。そうすると、この状況理解には、他人の独我論の承認が不可欠な役割を果たすことになる。なにしろ、Yの身体はいかなる損傷も被っておらず、Yの身体はいかなる痛みの反応もしていないのに、痛いのは彼なのだから。Yはうめき声は出せないし、その延長線上にある「痛い」という発話もできない。とはいえ、内観に基づく事実報告としての痛みの表明をその口からすることはできる。すなわち、自然発生的な表出ではない（それとつながっていない）意図的な表明ができるわけである。

もちろん他人は、これにさらにY（とNとC）の発言の誠実性に対する信頼が加わらなければ、このような状況が実際に成立したと信じることはできないだろう。それでも、このようなことが可能であることは容易に理解できる。どのようにしてか。それは結局、自分の場合にかんして、そういうことが起こりうる（自分がYでありうる）と感じることに帰着するだろう。つまり、この三人の中でYの役割だけは、世界における自分自身の存在（を相対化すること）によってしか理解できないだろう。おそらくはこれが、他者の存在ということの意味である。

ともあれ明らかなことは、「私は歯が痛い」という言明をするとき、他の人のことを私自身だと取り違えていた、などということが不可能であるのは、だれか他人を私と取り違えて、誤ってその痛みにうめき声を上げる、などということが不可能であるのと同じこと」だという主張が誤りであることである。それは断じて「同じこと」ではない。他人のことを私だと取り違えることができないのは、他人を私と取り違えて誤ってその痛みにうめき声を上げられないのとは別のことなのである。同定に基づかない自己知と特定の身体との表出説による結合は成功していない。以上の考察は、同定に基づかない自己知の表出説を論駁し、この説に依拠した自己治療としての後期ウィトゲンシュタイン哲学を論駁するだろう。

32　表出説を使用説につなぐ

W　次の二つの場合を比べてみよ。一、「彼が痛みを感じていることがあなたにどうしてわかるのか?」――「なぜなら、彼がうめくのが聞こえるからだ。」二、「あなたが痛みを感じていることをあなたはどうしてわかるのか?」――「なぜなら、私は痛みを感じるからだ。」しかし「私は痛みを感じる」は「私は痛い」と同じ意味である。それゆえ、ちっとも説明になっていない。しかし、私の答えにおいて、「私」という語よりも「感じる」という語を強調しがちだということは、「私」によって私は一人の人物を（他の人々から）選び出そうとしてはいない、ということを示している。

「私は痛い」と「彼は痛い」という二つの命題のあいだの違いは、「ルートウィッヒ・ウィトゲンシュタインは痛い」と「スミスは痛い」という二つの命題のあいだの違いと同じではない。むしろ、うめくことと、だれかがうめいていると言うこと、のあいだの違いに対応している。――「しかし、「私は痛い」における「私」は、私を他の人々から区別するのに間違いなく役立っている。なぜなら、「私」という記号によって、私は「私は痛い」と言うことを「他人たちのうちの一人が痛い」と言うことから区別しているのだから。」「部屋にはだれもいなかった」と言う代わりに「部屋にはだれもいないさん（Mr. Nobody）がいた」と言う言語を想像せよ。この規約から生じうる哲学的諸問題を想像してみよ。この言語で育った哲学者がいたなら、彼らの中にはもしかすると「だれもいないさん」と「スミスさん」という二つの表現の類似性を好ましくないと感じる人もいるであろう。「私は痛い」における「私」を撤廃したいと感じるとき、われわれは痛みの言語的表現をうめきによる表現に類似させがちである、といえる。——語に意味を与えるのはその語を特定の仕方で使うことだけである、ということをわれわれは忘れがちである。語の使い方について以前に出した例を考えよう。だれかが「リンゴ五つ」と書かれた紙きれを手にして、食料品店に使いに出される。その語の現場での使い方がその語の意味である。われわれのまわりの諸対象に名前が書かれたラベルが貼ってあり、話すときにはその名前を使ってその対象を指示する、というのがふつうのことであったら、と想像してみてほしい。それらのいくつかは固有名であり、他のものは一般名（テーブル、椅子、等のような）であり、さらに他のものは、色の名や形の名でもあろう。こういう場合、ラベルがわれわれにとって意味を持つのは、それらが特定の仕方で使用されるかぎりにおいてである。ところが、容易に想像できるように、われわれは対象に貼られているラベルを見るだけで印象づけられ、ラベルに重要性を与えているのはその使用であることを忘れてしまう。このようにして、指さす身振りをして「これは〜である」（直示定義の定式）という言葉を発すれば、それでもう何かに命名したと信じてしまうことにもなる。われわれは、何かを「歯痛」と呼ぶ、と言っており、そしてこう考えている。ある状況で自分の頬を指して「これが歯痛である」と言えば、言語を使っておこなうやりとりにおいて「歯痛」という語は特定の機能を受け入れたことになる、と。（その考えにおいては、私が何かを指し、他人は「私が指しているものを知るだけ」で、その語の使い方を知ることになる。そしてここでは、「私が指しているもの」が人であり、「私が指しているものを知ること」がそこにいる人のだれが指された人であるかを理解することであるような、そういう特殊ケースが念頭に置かれている。）

われわれは、「私」が主体として使われる場合、身体的特徴によってある特定の人物を識別することによってその語を使っているのではない、と感じる。そしてこの感じは、この語は身体を欠いているがわれわれの身体に座を持つ何かを指示するために使われる、という幻想を作り出す。それどころか、これこそが実在する我、「我思う、ゆえに我あり」と言われたあの我であるように思えるのだ。――「それなら、心はなく、身体だけがあるのか?」答えはこうだ。「心」という語には意味がある、すなわち、われわれの言語において使い道がある。しかし、こう言っただけでは、それをどのように使うのかはまだ言っていない。（原68　全122　文157　黒116）

N この箇所は、典型的に後期ウィトゲンシュタイン・イデオロギーが述べられている箇所である。前半の表出説が成功していないことはすでに縷言したので繰り返さない。この表出説と後半の意味の使用説との結合も、私には成功しているとは思えない。

われわれのまわりの諸対象に名前が書かれたラベルが貼ってあり、話すときにはその名前を使ってその対象を指示する、というようになっていたら、われわれが対象に貼られているそのラベルに、その使用とは独立に存在しているそのラベルを見るだけで印象づけられるのは当然であろう。ラベルに重要性を与えているのはその使用であるとしても、使用が可能なのはそもそもラベルが貼られているおかげなのだから。一般に、それを語る言語がどう有効に働くかという問題は、それは何かという問題とは独立であろう。繰り返して言えば、「私」という語がどのように使われるかという問題は、私とは何かという形而上学的問題とは独立である。

最後の、「答えはこうだ。「心」という語には意味がある、すなわち、われわれの言語において使い道がある」という箇所は、いささか唐突な断定ではあるが、「分析哲学」と呼ばれる症候群の一例であろう。以前にカント倫理学を引き合いに出して述べた（19）ことを思い出していただきたい。誤解の余地はないと信じるが、私はそれが間違っていると言っているのではない。

33　感覚与件は存在するか

W 事実、これまでの探究において関心を向けられてきたのは、見る、聞く、感じる、などの「心の働き」と呼ばれるものを記述する語の文法であった、といえる。そして、これは結局、「感覚与件を記述する句」の文法に関心が向けられている、と言うのと同じことである。
哲学者たちは、哲学的意見あるいは哲学的確信として、感覚与件が存在すると言う。しかし、私は感覚与件が存在すると信じる、と言うことは、結局、私は対象が存在しなくともそれが眼前にあるように見えることがありうると信じる、と言うことである。さて、「感覚与件」という語を使うときは、その文法の特異性がはっきり分かっていなければならない。「感覚与件」というこの表現を導入する際の眼目は、「見え」を指す表現を「実在」を指す表現をモデルにして作ることだったのだから。たとえば、もし二つの物が同じに見えるならば、同じである二つの何かが存在しなければならない、と言われた。もちろんこれは、「これら二つの物の見えは同じである」といった表現を「これら二つの物は同じに見える」と同義のものとして使うことに決めた、ということ以外の何も意味しない。じつに奇妙なことだが、この新しい言葉づかいを導入したことで、人々は、まるで「私は感覚与件が存在すると信じる」と言うことが「私は物質が電子から構成されていると信じる」と言うことに似ているかのように、何か新しい存在者、世界を構成する新しい要素を発見したという考えに導かれてしまうのである。見えや感覚与件が同じであることについて語るとき、われわれは「同じ」という語の新しい使い方を導入している。長さAと長さBが同じに見え、長さBと長さCも同じに見えるのに、長さAと長さCは同じに見えないことはありうる。この新しい表記法では、それは「Aの見え（感覚与件）とBの見えは同じで、Bの見えとCの見えは同じだが、Aの見えとCの見えは同じではない」と言わねばならないことになろう。「同じ」を非推移的に使うことが気にならないのであれば、それでも別にかまわないが。

感覚与件表記法を採用する際にわれわれが陥る危険は、感覚与件についての言明の文法と、表面上はそれとよく似た物理的対象についての言明の文法との差異を、忘れることである。（この観点からさらに続けて、「われわれは決して精確な円を見ることはできない」や「われわれのすべての感覚与件は曖昧である」に表現されている誤解について語ることもできる。このことからまた、視覚空間における「位置」「動き」「大きさ」の文法をユークリッド空間におけるそれらになぞらえて語るようにもなる。たとえば、視覚空間に絶対的位置、絶対運動、絶対的大きさが存在する、といったように。）

さて、われわれは「ある物体の見え
を指さす」とか「ある視覚的感覚与件を指さす」のような表現を使うことができる。大雑把にいえば、この種の指さしは、いわば銃の銃身にそって狙いを定めるのと同じことになる。それゆえ、「これは鏡に映った私の像が私に見える方向である」と、指さしながら言うことができる。また、「私の指の見えあるいは感覚与件が木の感覚与件を指さしている」といったような表現を使うこともできる。しかし、こうした指さしは、音が聞こえてくるように思える方向を

指さしたり、目を閉じたまま自分の額を指さしたりする場合と区別されねばならない。（原70　全124　文160　黒119）

N　この箇所ではまだ、感覚与件の問題が独我論の問題と結びつけられておらず、感覚与件に固有の問題が論じられている。たしかに、感覚与件というものが存在するとしても、物的対象について語るようにそれについて語ることは不可能だろう。なぜなら、われわれの言語は、他人たちと共通の世界に存在する物的対象を語るために、各種の事実的な「符合」に基づいて、すでにたくさんの前提を背負って出来上がっているからである。感覚与件だけ考えれば、それら相互の矛盾はありえない。視覚的位置と触覚的位置がずれても、木の視覚与件の位置に水の触覚与件があっても、客観的空間や法則的連関を前提にしなければ、とくに矛盾ともいえない。しかし、われわれはすでにして「木」という語で世界を語っている。つまり、われわれにはすでにして「木」が見えており、「木が見える」ことを「木の感覚与件がある」といってみたところで、「木である」という認定自体がすでに感覚与件を超えた（諸種の符合や生物学的概念知等々）を持ち込んでしまっている。それを色や感触等々の感覚与件から構成することは絶望的な企てなので、正味の感覚与件そのものについて語ることはできない。その意味では、われわれは感覚与件を見たり聞いたりすることさえできないともいえる。（たとえ言語を持っていなくても、生きるための必要から外界の対象や出来事を知覚するのであれば、感覚与件は最初から通り越されてしまうので、やはり同じことになるだろう。）その意味で、感覚与件は物的対象と並んで存在してはいない。

しかし、私的体験が存在すると言われるのと同じ意味でなら、そのようなものが存在すると考えることはできる。盲視（blindsight）といわれる現象があるが、あれを感覚与件を経由せずに対象を知覚することだと解することができる。すると、その逆も可能であることになるだろう。感覚与件だけあって対象が知覚できない場合である。すなわち、見えないけど見えなければできないことができる人と、見えるけど見えればできることが何もできない人が想定できる。

実際に感覚与件だけあって物的対象は存在しない世界も、それを世界と呼んでよいなら、考えられるだろう。この世界がじつはそうかもしれない、というのがいわゆる外界にかんする懐疑論であろう。もしそうであったなら、木が見えたら「木の感覚与件がある」と語るのが（結果的には）真理であることになる。感覚与件を超えたものについて語ってしまっているにもかかわらず、である。これは、記憶だけあってじつは過去がない世界というような想定と同じことで、われわれはそういう世界用の言語を持っていないので、その状況も実在する過去を語る言語で語ることしかできない。それでも過去など存在しないかもしれない、と言うことはできる。感覚与件世界についてもそれと同じことがいえて、ただいちいち「〜の感覚与件」と付けるのが面倒なので、すべて省略して「〜」と言っているだけだ、といえることになる。

もちろん、そういう感覚与件世界や記憶与件世界がそもそも可能かという問いに否定的に答えることもできる。その場合の理由は、もしそういう世界が存在したなら、そうした世界は（われわれにとっては）外界や過去がふつうに存在する世界と同じ世界でしかないから、というものである。それでも（つまり識別はできなくても）可能だと考えることもできはするが、そこまで来ると議論はほとんど無内容なものになるであろう。

しかし、感覚与件はみんなにあるのか。私は私の感覚与件を他人のそれと比較することはできないだろう。感覚与件の私秘性という問題があり、ここで痛み等の身体感覚の場合の「表出」の代わりをするのは、みんなに共通の外界の対象の存在である。むしろ、外界の対象のような自他に共通のものがない身体感覚の場合に、その代わりをするものを求めてたどり着いたのが、だれもがする自然な表出であったといえよう。

しかし、表出説が成り立たないことはすでに述べた。さらにもう一点、決して忘れられてはならないのは、一般的な感覚与件問題には「実―虚」の対立に対応する問題しかないのに対して、自他問題が絡むと、以前に使った用語を使えば、「実―虚」対立と「自―他」対立の対立が生じるという点である。独我論という問題はそこにしか関連しない。

34 独我論的指示の構造

W さて、独我論のやり方で、私が「これが実際に見えているものだ」と言うとき、私は私の前方を指さすが、本質的なことは視覚的に指さすということである。もし私が私の横や後を――いわば、私に見えていないものを――指さすなら、その指さしは、この場合、私にとって無意味である。それは、私が指さしたいと望んだ意味での指さしではない。しかし、このことは、私が「これが実際に見えているものだ」と言いながら前方を指さすとき、指さす身振りをしてはいるが、他のものとの対比においてある一つのものを指さしてはいない、ということを意味している。これは、車での急ぎの旅行のときに、あたかも車を内側から押せるかのように、本能的に自分の前にある物を押してしまうようなものである。（原71　全126　文163　黒121）

N　「本質的なことは視覚的に指さすということである」とは、言い換えれば「本質的なことは視野を指さすということである」ということである。ふつうの指さしは、視野の中にある（そして同時に他人の視野の中にもある）ある一つの物や範囲を、他の物や範囲との対比において、（それらではなくこれだという仕方で）指さすのに対して、この独我論的指示は、他のものとの対比のない（すなわち対比項を欠く）指示である、というわけである。

しかし、独我論的観点からいえば、もちろんこれは事実に反する。なぜなら、ふつうの指さしは、自分の視野も他人の視野も区別できずに、共通にそれら両方の内部にあるとされる物を他の物と区別して指せるだけだが、独我論的指示は、内部の諸物の対比を超えて、諸視野それ自体を対比項とし、そのうち実際に見えている視野はこれである、と言って指せるからである。それは不可能であろうか。

重要なことは、諸視野それ自体を対比項とするとは、現実的な（現に与えられている）諸対象を対比項として、そのうちから任意に一つを選ぶのとは違って、可能的な諸視野を対比項として、そこから現に与えられている現実の視野を選び出すという、可能的なものからの現実的なものの選出であるという点である。したがって、当然、レアリテートにおける差異は問題になりえない。すなわち、諸視野にはそれぞれ違うものが見えているではあろうが、そうした違いが根拠になって、それらのうちから一つが選ばれることはない。「これが実際に見えているものだ」と言って視覚的に指さすとき、かりにそれとまったく同じ視野がだれかに見られていても、それは指されないし、逆に、その視野の内容が現に与えられているものと違っていても、もしそれが現に与えられていたならそれが指されることになる。

　どこかに存在するまったく同じ視野が指されないのは、それが知覚されていないからではない。それもまた「視野」である以上知覚されているはずである。しかし、実際（リアリー）に知覚されてはいない。この「実際に（リアリー）」は、私の用語では「アクチュアリー」で、レアリテートへの回収を拒む。したがって、知覚している主体の固有名で置き換えることはできない。また、その視野の内容が現に与えられているものと違っていても……、と言うのは、中身ではなくその現実性（アクチュアリティ）だけが指されているからである。最終的な現実性（すなわち累進図での最上段の対比）は言語によっては表現できない。

それを語れば下段に落ちるからである。（ただし、もちろんその構造自体は語ることができ、現にいまそうしている。）

次の**35**で論じられているように、時計の針は文字盤から独立していて、文字盤上のどこかを指さねばならない。しかし、じつはそれだけでは足りない。時計が時計として機能するためには、その針の位置は今見られなければならないからである。つまり、針は、見方を変えれば、通常の指示とともに暗に「今」を指してもいなければならないのだ。すなわち、見られる時点という意味での「今」に固定されてもいなければならないわけである。さて、その二つだけで足りるだろうか。現に時計が見られている今は、他の可能な今と対比されてもいなければならないだろう。今が六時だとして、六時が五時や七時や……と対比されるのとは違う意味で。

29で触れた「同定に基づかない」という概念も、じつはこのことと関連している。なぜ同定（他の候補から識別してそれはこれだと特定すること）が必要ないのかといえば、そもそも他の候補が存在しないからである。現にそれしかないのだから、任意にそれを選び出すことなどできないのだ。逆に、もう与えられてしまっているものから出発して、別の基準によってそれと同種とされるものを、ありえたはずの候補として遡及的に選び出し、あたかもそれらからの選出がなされたかのように想定することができるだけである。（このこと自体はありふれたことである。現実世界の進行は、自由意志が想定されていない宇宙史でさえも、ありえた諸可能性からその一つが実現したものであるかのように捉えられるとき、はじめて理解されるのだから。）そして重要なことは、そもそも他の候補が存在しないというこの所与の現実性それ自体が可能化され、他人にも適用できることによって「同定に基づかない」自己知の一般化がもたらされるのであった。

太郎、次郎、三郎、四郎、五郎という五人の人間がいる世界を想定せよ。いま太郎の目には山々が、次郎の目には田畑が、三郎の目には花畑が、四郎の目には大海原が、五郎の目には大都会が見えているとする。すなわち、五つの視野が存在している。このような捉え方は、ごくふつうの世界像であろう。ところが現実には、この五人の中に私である人間がおり、それはなぜか四郎であるとする。その意味するところは、四郎の目からだけ現実に世界が見えており、四郎の身体だけが殴られると本当に痛く、四郎の身体だけを実際に動かせる、ということであり、四郎の記憶や予期や意図……だけが現実に直接与えられている、ということである。したがって、視野として現実に存在しているのはじつは大海原だけである。理由は分からないが、なぜかそうなっている（そういう世界が与えられている）のだ。すなわち、山々や田畑や花畑や大都会の視野は、視野としては現実に存在してはいない。もはや繰り返すまでもないと思うが、四郎にとってはそうなのではない。端的にそうなのである。そういう世界がすでに与えられてしまっているのであって、「〜にとって」という相対化を経てそこに到達したのではない、という点が重要である。

この後者の世界描写を知って驚く人がいてもいいように思うが、なぜかあまりいない。驚くとは、「五人も人間がいるのに、現実に見えたり本当に痛かったり……するやつが一人しかいないなんて、そんな馬鹿なことがあるわけない！　他の四人はじつは人間ではなくゾンビなのか？」と思うことである。なぜか、そんな人にはあまりお目にかからない。多くの人はこの世界描写を即座に問題なく理解する。実際に、世界はなぜかそのような構造をしていることを直接知っている（だけでなく、さらにそれを世界の一般的構造として理解することもできている）からであろう。だが、それなら逆に、最初に描写された、五人が対等なあり方で登場する「ごくふつうの世界像」のほうに驚いてもよさそうに思えるが、なぜかそんな人もあまりいない。驚くとは、「五人の人間がただ対等に存在するだけの世界なんてあるわけないだろう！　それではそもそも世界が世界として開かれないではないか？」と思うことである。なぜか、そんな人にもあまりお目にかからない。われわれにはこの両立しがたいはずの二つの世界像を、なぜか両立させる能力があるようなのだ。

私であるような唯一者が存在する独我論的世界像はごく自然で常識的な世界像であるといえるが、その観点から見れば、最初に描写されたような「ごくふつうの世界像」のほうはむしろ実在しない超越的な視点からのものであり、(初めから)与えられているものというよりは、むしろ(後から)作られたものである、ということになるだろう。そもそも五人の視野を対等に見渡す視点などありえないのだから。そうすると、こういう超越的視点からの世界像がどのようにしてできあがるのか、という超越論的構成という課題が生じるはずである。

その逆の、超越的視点からの世界像のほうを所与として、そこから独我論的な現実がどのように出来上がるのかを説明するという方向も、不可能ではないように思える。しかし、各人に感覚や体験や自己意識といったものを付与するだけではもちろん駄目である。そうしたものが対等に並んでいるのではなく、そのうちの一つがまったく特権的な現実性を持ってしまう(なぜかそのうちの一人だけが実際に目が見え、痛みを感じる……)ことの必然性が、超越的で並列的な世界像の側から論証されねばならない。

試案を提示するなら、体験や意識といったものは排他的に世界を表象することをその本性とするので、本性上並列的に存在することができず、それが存在する以上他のすべてをその内部に包括して存在せざるをえないことの必然性を示し、次にこの議論に参加する各メンバーもまたその構造を自ら体現していなければならないことを示す、というやり方がありえよう。もちろんこのやり方では、すべてのメンバーに同じことがいえるというところまでしか到達することができない。しかし、じつをいえば、逆のやり方でも同じなのである。逆方向の説明の場合でも、出発点となる唯一者は「私」だとされてはいるが、それは結局、後から構成される併存する諸主体のうちのだれであってもよいのであるから。どちらの場合も、当然のことではあるが、議論できる限りでの独我論までしか、あるいはからしか、到達することが、あるいは出発することが、できない。

ついでにいえば、時間論におけるA系列（過去・現在・未来の系列）とB系列（より前・同時・より後の系列）の対比にもまったく同じ問題がある。どちらからどちらを構成する（どちらをどちらへ還元する）ことも可能ではあるが、それは結局、任意の現在までしか、あるいはからしか、到達することが、あるいは出発することが、できない。

そしてまさにこのことが、独我論的世界像と超越的・並列的な世界像の中間の世界像を作り出していく。それは、ウィトゲンシュタイン的に独我論言明を無意味とするのではなく、むしろ逆に、だれにでも独我論言明を語る権利と資格を与える（という意味でそれを有意味なものとみなす）ことによって、独我論を搦め手から論駁するという道筋である。これがすなわち、「「とっては」論法」の成立である。

だれか他人が「これだけが実際に見えているものだ」と言って視覚的に指さすとき、彼は彼の独我論を語っている。そのことの意味を、私は私自身の場合から理解する。彼にとってはそうなのであろう、と。ウィトゲンシュタインに反して、このことこそが他者の存在の意味を理解することであろう。私がそうであるのと同様、他者もまた言語ゲームを演じる木偶の坊ではない。と、少なくともそう理解するときには、すでにこのような理解が働いているであろう。繰り返すがしかし、このことによって私と他人との存在意味が同化して、われわれが対等の存在者になることは決してない。もしそうなってしまったら、永井均さんという人は生きていても、私は死んだことになる（もちろん、そうなるときに生じる変化はレアリテートにおける変化ではないから他人には感知されないが、しかしその意味は理解できてもよい）。

このことによって私と他人との存在意味が同化して、われわれが対等の存在者になることは決してない、と述べたが、以前に触れた神の存在の存在論的証明との類比を考えると、これが存在論的証明が成り立たない理由であることになる。逆にいえば、「このことによって私と他人との存在意味が同化」すると考えるのが、存在論的証明が成り立つと考える立場にあたることになる。

さて、現実に存在する視野はなぜか大海原のそれだけである。太郎にとっては山々の視野が、次郎にとっては田畑の視野が、……存在することを知識として知りうるし、そういう事実も存在するのであろうが、大海原を現実の視野だという意味では、それは現実には存在していない。そして、大海原の視野は四郎にとって存在するのではない。それだけが現実に存在するのだ。それゆえ、当然のことながら、それだけが現実に存在するのは、それが四郎によって見られているからではない、が、またそれが大海原であるからでもない。そうしたレアリテートにおける差異は、現実に存在するかしないかのアクトゥアリテートにおける差異には関与しない。だから、ここで成立している事態には、そういう対比項や隣人——山々や田畑や花畑や……、太郎や次郎や三郎や……——は存在しないのである。

ところが、ここに「私」の用法にかんする文法規則が適用されると、人は任意に色々なものを指せるが、視野にかんしては（言い換えれば感覚与件にかんしては）それぞれ自分自身のそれしか指せない、ということが帰結する。ここに、四郎の特権性はもはやない。むしろ、四郎が四郎の特権性を言語で語ろうとしても、その試みは必然的に挫折する。この挫折の必然性こそが言語的世界像の成立基盤であると言ってよいだろう。この挫折によって、四郎は自分自身を——自分の身体のみならず自分の体験や意識も心も——世界内の客観的存在者の一つとすることに成功するのである。「私」というだれもが同じ意味で使えてだれもが同じ意味で理解できる語の成立は、その挫折と成功の偉大な成果である。

社会契約の語り口でこれを言いなおせば、こうであろう。あるときわれわれは、自分を特権的で例外的な存在者とみなし、かつみなさせようとする、「王様路線」を貫いて共倒れに終わるよりも、全員がそれを捨てた方が他の点でいろいろとうまくいく、という洞察に達したのである。そしてその結果、「あるときわれわれは、〜」と語りうるその「われわれ」が初めて成立したので、この出来事自体はこのように語ることができない。この観点から見れば、言語は原初の道徳であるといえるはずである。「私は〜」と語り出すことは、原初の道徳的行為である。四郎や大海原については語りうるが、それらが唯一の現実の私であり視野であることについては語りえないのは、それが最も根源的な悪事だから、ということになろう。

35 「文字盤を針に固定して一緒に回るようにしてしまった」

W 私に見えているものを指さして「私にはこれが見える」とか「これが見える」と言うことに意味があるならば、私に見えていないものを指して「私にはこれが見える」とか「これが見える」と言うことにもまた意味がある。私が私の独我論言明をしたとき、私は指さしはしたが、指さすものと指されるものを切り離しがたく結びつけることによって、指さしからその意味を奪ってしまった。私は歯車等々をすべてそろえて時計を組み立てたのだが、最後に文字盤を針に固定して一緒に回るようにしてしまった。このようにして、独我論者の「ただこれだけが実際に見えている」という言明は、トートロジーを想起させる。

（原71　全126　文163　黒122）

N 悪事といったが、言語的社会契約の完全な成功の理由は、そうした悪事をも善事に読み換えて無害化するシステムを内蔵させたことにあるだろう。「何が見えていようと、それを見ているのはつねに私だ」と言おうと、「これだけが実際に見えている」と言おうと、だれでも自分自身の視野しか見えないのだから、たんにあたりまえのことを言っているにすぎないことになる。ウィトゲンシュタインの類例のない面白さは、じつはこのとき隠蔽された悪事を知っていることにあるだろう。

『哲学的考察』六一では、この冒頭部分と似たようなことが次の対比によって表現されている（奥雅博訳によって引用する）。

> 他人が感覚与件を持つと考えるのは不可能であるという感覚与件という語のこの意味においては、まさに同じ理由から、他人は感覚与件を持たない、と言うこともできない。そしてまさに同じ理由から、他人と対比された私が感覚与件を持つ、と語ることにも意義がない。
>
> （『ウィトゲンシュタイン全集2』（大修館書店）一〇七頁）

「悪事」と呼んだのは、これとの関連で言えば、ところがじつは、私とは他人と対比されないものなのだ、ということである。もちろん、ルートウィッヒ・ウィトゲンシュタインや永井均や……は、その他の人々と対比されるが。なぜ対比されないのかといえば、映画の比喩でいえば、私はたんなる登場人物の一人でもあるのに画面自体を兼ねているからである。そして、その驚きを語ろうとすると、一登場人物についての(間違った)主張になるか、だれもがそれと同じことが言えるという意味での主体についての(一般的に正しい)主張になるか、どちらかになる。だから、正確に「対比されない」といえるのは「画面自体である」という事象内容ではなく、むしろなぜか現実にそのことが実現してしまっているという事実で、この現実性こそが「対比されない」という性質を持つのである。(「現実に実現してしまっている」という記述自体はだれにでも当てはまるので、この対比はどこまでも語ることができない。)

それゆえ、「他人が画面そのものであると考えるのは不可能であるという画面という語のこの意味においては、まさに同じ理由から、他人は画面ではない、と言うこともできない。そしてまさに同じ理由から、他人と対比された私が画面そのものであ、る、と語ることにも意義がない」ともいえることになる。言語とはともあれ一つの画面の中で語られるものなのである。画面を越えて画面自体を語る場合にも、もっと大きな画面を作ってその内部で語るしかない。

登場人物と画面の対比は、画面とフィルムの対比に拡張できる。そうなると、今度はフィルムについてしか語れなくなる。ふたたび『哲学的考察』の少し前のところ

（五一）から引用しよう（奥雅博訳による）。

直接経験の事実をスクリーン上の像と比較し、物理学の事実をフィルムの帯の上の像と比較するならば、フィルムの帯の上には現在の像、過去・未来の像が存在するものの、しかしスクリーン上には現在のみ存在する。

（『ウィトゲンシュタイン全集2』（大修館書店）九六頁）

こんどはフィルムが同一平面を構成するので、現にスクリーン上にあるという特殊性を、フィルム上で表現することはできない。それが大海原の光景であれば、フィルム上ではそれはただ、山々や田畑や花畑や大都会の光景と対比された、大海原の光景としてのみあることになる。それだけが現にスクリーン上にある（したがってある意味では実際にはそれしか存在していない）という事実はどこにもあらわれることができない。ただし、フィルムの比喩の登場人物の比喩との最も大きな違いは、現にスクリーンに映じている光景の内部にフィルム全体が逆に包括されるなどということは起こらない、という点である。独我論や独今論においては、そもそもフィルムにあたるものは存在せず、現にスクリーンに映じている唯一の現実の光景だけがあって、その内部から、フィルムにあたる超越的な存在が超越論的に構成される、というように考えることができたが、フィルムの比喩はそのような考え方とは調和しにくい。

「指さすものと指されるものを切り離しがたく結びつける」というこの議論は、『哲学探究』におけるいわゆる私的言語にかんする議論と関連が深い。しかし、私的言語の場合は、こんどは時間的に、未来の自分に対してフィルムにあたる共通の基盤を作り出そうとする。時間をフィルムにあたる共通の基盤とみなすことに成功すれば、つまり独今論を拒否すれば、私的言語はじゅうぶんに可能である。『哲学探究』の議論では、私的言語に属する語を日付のついたカレンダーに書き込むという想定がそれを可能にしている。カレンダーにおいては、日々が共通の地平で互いに対立項を構成し、互いに対等の隣人になるからである。日付が文字盤となって、動く今である針から独立するのである。

36　二つの思考が拮抗している

W もちろん、われわれがこのような擬似言明をしたくなる理由の一つは、私の周囲にある特定の対象を他の諸対象と対比して指さしたり、(視覚空間ではなく)物理空間の中の特定の方向を他の諸方向と対比して指さしたりする場合に発せられる、「私に見えるのはこれだけだ」とか「これが私に見える範囲だ」といった言明と、それが似ているからである。もし私がこの意味で指さしながら、「これが実際に見えているものだ」と言うならば、人は私にこう答えることができる。「これはあなた、ルートウィッヒ・ウィトゲンシュタインに見えているものだ。しかし、ふつうには「ルートウィッヒ・ウィトゲンシュタインに見えているもの」と呼ばれるものが「実際に見えるもの」と呼ばれるような表記法を採用することには何の異論もない。」しかし、もし私が、私の文法においては隣人がいないものを指さすことによって、(他人にではないにしても)私自身には何かを伝えることができると信じるならば、私はある誤りを犯している。その誤りは、たとえば「私はここにいる」という文は、私が話す声の方向を他人に知らせる場合のようなきわめて特殊な状況下でなくとも、私にとって意味がある(そのうえ常に真である)、と考える誤りに似ている。ふたたび、語が使われる個々の使われ方によって語は意味をもつということを学びうる重要な事例である。われわれは、チェスやチェッカーの駒に似たような形の木片がチェス盤の上にあれば、それらがどのように使われるべきかについては何も言われていなくとも、それだけでゲームができると思ってしまう人々に似ている。

（原71　全127　文164　黒122）

N 前半は、われわれにとってはすでにお馴染みの、「用は足りる」が「理解できてはならない」というあの議論の繰り返しである。この議論の面白さは、ウィトゲンシュタイン自身は、「理解できてはならない」事柄があることをじつは知っており、しかも体現していることである。その地点に立てないと、これがそもそも何を治療しようとしている活動なのか、最初から誤解してしまうことになる。それがはじめからウサギにしか見えていない人が、ウィトゲンシュタインの引いた治療的補助線を理解し活用しようとすると、それがアヒルに見えてしまうという、彼が治療しようとしている病そのものを体系的に誤解し、もともとは存在しなかった奇妙なアヒルを新たに作り出してしまうことになる。例は枚挙にいとまがない。

　後半の、「私自身には何かを伝えることができると信じる」のは「誤り」だ、というのは前のコメントで触れた私的言語の問題に通じる論点であり、ここで「隣人」と言われているのは「対比項」と同じことである。

時間における「今（現在）」との類比は何度も試みたので、今度は様相における「現実」との類比を試みよう。現実世界で起こっていることを一般的に（個々の何かをではなく）指して、「これだけが現実に起こっていることだ」と言ったら、それは現実世界の内部で何かを伝えることはできない。いかなる奇異な可能性の空想も、そう空想されてしまえば、そのことはもう現実に起こってしまっているからだ（夢や幻が感覚与件としては実在してしまうのと同様に）。その「現実性」を、他の可能世界たちに伝えることも、もちろんできない。なぜなら、各々自分の世界で起こっていることを「現実」と言うのだから、「これだけが現実に起こっていること」であるのは、たんに自明のことにすぎないからである。この現実こそが現実の現実であることは伝えられない。

このとき、二つの思考が拮抗している。一つは、この現実世界しか存在しない、したがって他の諸可能世界もこの世界の内部にある、という端的な独現論。もう一つは、いかなる可能世界もそのように言う権利があり、またあらざるをえない、という概念化され、可能化された、可能的現実性の独現論である。この意味での可能化によってはじめて「様相」という文法装置ができあがるので、これを「様相化」と呼んでもよい（もちろん、同じことは「人称化」「時制化」についてもいえることはすでに指摘した)。様相化と、人称化と時制化こそが言語の基礎なので、これをさらに「言語化」とか「意味化」とか呼ぶこともできる。ただし、独現論言説は、独我論言説が他人に、独今論言説が他時点において、それぞれ理解され賛同されうるのとは異なり、他世界から理解されたり賛同されたりすることは起こらない。「私が話す声の方向を他人に知らせる場合」にあたることが、この場合には存在しない。現実世界であると言うと同時に手を挙げたり口を動かしたりして、それはこの世界だよと(共通の地平に自分を位置づけて)他の世界に知らせる必要はない。したがって、独現論においてのみ、「端的」派のほうが優勢(常識的見解)となる。しかし、この場合にさえ、じつは二つの別のことが同時に主張されていることは見逃してはならない。「同定に基づかない自己知」に対応する「同定に基づかない現実知」がどちらに由来するのか、この場合にもやはり、二つの理解方向が成立するだろう。とりわけ興味深いのは、他の世界でも「同定に基づかない現実知」が成立することを、われわれは「「現実」という語の特異な文法」に基づいて認めることになるだろう、ということである。

最後に、またもや「語が使われる個々の使われ方によって語は意味をもつ」という主張があらわれるが、それまでの議論からこの教訓が引き出せるとは思えない。たとえば、「私はここにいる」という文が、私がそう話す声の方向を他人に知らせるような状況では意味をもちうる、ということは、「私」や「ここ」という語が使われる個々の使われ方の問題というより、「私」や「ここ」という語の使い方を規定している文法規則の問題であろうから。

37 「私はここにいる」という形而上学的驚き

W

「それは私に近づいてくる」と言うことは、物理的に何も私の身体に近づいてきていなくとも、意味をもつ。同様に、「それはここにある」とか「それは私のところまで来た」とか言うことは、何も私の身体のところまで来ていなくとも、意味がある。そして他方では、「私はここにいる」は、私の声が識別され、公共空間のある場所から来るのが聞き取られたなら、意味をもつ。「それはここにある」の「ここ」は、視覚空間におけるここであった。大ざっぱにいえば、それは幾何学的な目である。「私はここにいる」という文は、意味をもつためには、公共空間の中のある場所に注意を惹かなければならない。(そして、この文にはいくつかの使われ方がある だろう。)「私はここにいる」と自分自身に向かって言うことに意味があると考える哲学者は、「ここ」が公共空間におけるある場所であるような文からこの言語表現を取ってきて、その「ここ」が視覚空間におけるここだと考えるのである。彼はそれゆえ、実際には「ここはここである」に類することを言っているにすぎない。

(原72 全128 文165 黒123)

N しかし、「私はここにいる」と自分自身に向かって言うことによって、ある形而上学的な驚きを自分に語ることができる。それは、私というまったく特異な存在者が現に存在していることに対する驚きの表明である。なぜそのような他に類例のない奇異なものが、史上初めて実現した現実の視覚空間とともに——すなわち「ここ」に——存在してしまっているのか。

その「ここ」を公共時空間の中に位置づけて、「十三世紀にでも、南アメリカにでもなく、二十一世紀の日本に」としても、「私」を人から認知可能な名前や記述で置き換えなければ、同じ驚きを表現できる。もちろん、その逆でもかまわない。「私」の方は永井均に置き換えておいて、なぜそいつにだけ現に「ここ」が開けているのか、という形である。

しかしもちろん、「私」と「ここ」の両方に公共空間における指示対象を持たせてしまえば、永井均という人が二十一世紀の日本に存在しているという、単なる通常の偶然的事実の報告になってしまう。

この種の言語表現が形而上学的な驚きの表明として――すなわち「私は私のいる所にいる」のような単なる同語反復としてではなく――他人にも伝わるのはなぜか。それはおそらく、言語には対比項のある共通地平を超えた伝達の力が、つまり言ってみれば形而上学的に対比項を超越する力が、当初から備わっているからであろう。われわれの言語は、対比項のないものの対比項のなさを語れるようにできているわけである。累進図の最上段の対比は言語では表現できないと言ったが、そのことそれ自体は言語で語ることができ、意味としては（すなわち構造の一般的な理解としては）通じる。それができるということは、むしろ言語の本質に属することがらではないだろうか。もしそうでなければ、ここでウィトゲンシュタインが何を治療しようとしているのか、そもそも最初からだれにもわからないはずだろう。

38 今だ！

W しかし、私の独我論を別の仕方で表現しようと試みることもできよう。私は、私と他人たちが各人に見えているものを絵に描いたり文に書いたりするのを想像する。これらの描写が私の前に置かれる。私は私が描写したものを指さして「これだけが実際に見える（見えた）ものだ」と言う。つまり、私は「この描写だけがその背後に実在（視覚的実在）をもつ」と言いたいのだ。他のものを、私はこう呼んでもよい――「空虚な描写」だと。私はまた「この描写だけが実在から導き出されたものだ。これだけが実在と照合されたものだ」と言うことで私が言いたいことを表現することもできよう。さて、われわれが「この絵や描写はこれらの諸対象――私が見ている木々――を写したものだ」とか「この絵や描写はこれらの諸対象から導き出されたものだ」と言うとき、それには明瞭な意味がある。しかし、「この描写は私の感覚与件から導き出される」のような句の文法は調べてみる必要がある。いま語っていることは、「他人が「茶色」で何を実際に意味しているのか、あるいは、茶色い物が見えていると（正直に）言うとき、何が実際に見えているのか、私は決して知りえない」と言いたくなる独特の誘惑と結びついている。――こう言う人に対しては、「茶色」という一つの語の代わりに、二つの別の語を使うように提案することができよう。彼に特有の印象を表現するための一つの語と、彼だけでなく他の人々も同様に理解できる意味をもつもう一つの語、の二つである。彼がこの提案について考えれば、「茶色」やその他の語の意味や機能についての彼の考え方にはどこか間違ったところがあることに気づくだろう。彼は自分の描写の正当化をないところに求めている。（ちょうど人が理由の連なりはどこまでも遡れるはずだと信じる場合と同じように。数学の演算をすることを一般公式によって正当化する場合について考えよ。そして、この公式はこの個別の場合にもふだんわれわれがそれを使っているようにそれを使うようわれわれに強制するだろうか、という疑問について考えよ。）「私は視覚的現実からある描写を導き出す」と言うことは、「私はここで私に見えるものからある描写を導き出す」と言うことと類比的な何も意味しない。私は、たとえば、ある色の正方形が「茶色」という語と対応している表を見て、別の場所で、同じ色の切れ端を見ることがありうる。そして私は、「この表は私はこの切れ端の描写のために「茶色」という語を使わねばならないということを私に示している」と言うことがありうる。これが、私の描写に必要な語を私が導き出すことができるやり方である。だが、私が受ける個々の色印象から「茶色」という語を導き出すと言うとしたら、それは無意味であろう。

(原72　全128　文166　黒124)

N　「他人が「茶色」で何を実際に意味しているのか、あるいは、茶色い物が見えているると（正直に）言うとき、何が実際に見えているのか、私は決して知りえない」という点については、こう答えることができる。他人が「茶色い物が見えている」と（正直に）言うとき、何が実際に見えているのか、私は決して知りえないが、他人が「茶色」で何を意味しているのかは、完璧に知りうる。彼が意味しているのは、木や土に典型的に現われ、血や蜜柑や……の色とは対比されるある種類の色である。彼の「茶色」がそれ以外のものを「意味する」ことはありえない。しかし、血や蜜柑や……とは区別される木や土の色が、彼にどのように見えているのか、私は知りえない、と。

もちろん、ウィトゲンシュタインはこの主張を拒否するだろう。その理由は、そもそも私に見えている色と彼に見えている色が対比される可能性がないからである。したがって、「茶色」という一つの語の代わりに二つの別の語を使うべき理由も存在しない。

後半では、この問題がいわゆる規則のパラドクスにつながる点が示唆されている。一般的に成り立つ規則を、いまこの場合にも使ってよい根拠はどこにあるのか。その
ことを正当化するさらなる規則があるのか。「PならばQ」という法則ないし規則が認められていて、現にいま「P」であると認められるなら、「ゆえにQ」とされてよい。しかし、それはなぜか。今回のPをこれまでのPと同様に扱ってよい規則はどこにあるのか。これは、「PならばQ」が経験的な法則ならばいわゆる「帰納のパラドクス」となり、「PならばQ」が算術や文法の規則の場合にはいわゆる「規則のパラドクス」となる。

ここでのウィトゲンシュタインの答えは、色の正当化が「表」で終わっているように、そこにさらなる正当化は存在しない、というものである。グッドマンの「グルー」やクリプキの「クワス」をご存知の方のために一言で要約するなら、グルーやクワスを想定するためには、その基盤としてすでにしてブルーやプラスを前提せざるをえず（つまり、それが「表」であり「一般公式」であって）、グルーとブルーを、またクワスとプラスを、対等の平面で対比することはついにはできない、ということである。この「表」にそれ以上の根拠を求めても無駄なのである。

これはもちろん正当な見解ではあるが、「私が受ける個々の色印象から「茶色」という語を導き出す」のではなく、「私が受ける個々の色印象もまた「茶色」と呼べるのはなぜか」と問う立場（「私」を根拠にするのではなく、逆にもっぱら例外とする立場）からすれば、「私」を「今」に置き換えて、次のように問うことができる。それでもやはり、それを今この場合に使ってよい根拠は与えられていないのではないか、と。現実のこの今は、「今」概念のたんなる一例ではなく、史上はじめて実現した類例のないものだからである。「私はここにいる」と自分自身に向かって言うことによって、ある形而上学的な驚きを自分に語ることができるように、「今だ！」というまさにそのことによって、ある形而上学的な驚きをいま語ることもまたできる。とすれば、今回のPをこれまでのPと同様に扱ってよい根拠は、ついには存在しないことになる。

39　身体は痛みを感じうるか

W　そこで、「人間の身体は痛みを感じうるか？」と問おう。人はこう言いたくなる。「どうして身体が痛みを感じられようか？　身体はそれ自体としては死んでいる。身体には意識がない！」そして、ここでもまた、あたかも痛みの本性を調べて、痛みの本性には物質的対象がそれを持ちえないことが含まれていることが分かったかのように。そして、痛みを感じるのは物質的対象とは違う本性をもった存在者でなければならないことが、つまりは心的本性をもった存在者でなければならないことが、分かったかのように。しかし、「我（エゴ）は心的である」と言うことは、「3」という数字が物理的対象の記号として使われていないことに気づいて、数3は心的あるいは非物質的な本性をもつと言うようなものである。

（原73　全130　文168　黒125）

N　ここで、「我（エゴ）は〜」と、「ego」という語を使って言われているのは、「痛みを感じる主体は〜」ということだが、日本語で「感じる」と訳してしまうと「感じる」のだから「心的」に決まっているではないか、ということになってしまう。「感じる」と訳したもとの語は「have」だから、ここの問題は、「痛みを持つ主体」すなわち「痛みが帰属される基体」が「心的」であるというのは、「数3が心的」だというのと同じようなものではないか、ということであろう。

この種の問いには、文法によって「心的」だと言えるのだ、と答えることもできるはずである。先ほどの自然な日本語訳がそのことをよく示しているように。そして、文法によって「心的」だと言えるということと、「痛みを感じるのは心的本性をもった存在者である」ということとは、内的関係にあるだろう。だから、文法的規約に還元するという方針は、もしそれが表立って表明されてしまえば、それが否定しようとしている形而上学的主張と同じ誤りに陥ることになるだろう。

40　心という観念の起源

W

他方では、われわれは「この身体は痛みを感じる」という表現を何の問題もなく受け入れることができる。そして、いつものように、その身体に医師へ行くように言い、その身体を横たわらせ、前回痛みを感じたときは一日で痛くなくなったことを思い出すようにさえ言うであろう。「しかしこの表現形式は、少なくとも間接的な表現形式ではなかろうか？」――「xに3を代入せよ」と言う代わりに「この式の「x」に代えて「3」と書け」と言うことは、間接的な表現を使うことなのか？

（あるいは逆に、ある哲学者たちが考えているように、これらの二つの表現の後者だけが直接的表現なのだろうか？）一方の表現が他方の表現より直接的であるということはない。表現の意味は、われわれがそれをどう使っていくかに全面的に依存している。意味は語と物のあいだに心が作り上げる隠された結合であり、種子が樹木を含むと言われうるように、この結合がある語のあらゆる使い方を含むなどと想像しないようにしよう。

痛みを感じたり見たり考えたりするものは心的本性をもつ、というわれわれの命題の核心はただ、「私は痛みを感じる」における「私」という語は特定の身体を指示してはいない、ということだけである。その「私」をある身体の描写で置き換えることはできないのだから。

（原74　全130　文168　黒126）

N　私は、この最後の段落の断定に全面的に賛同している。この「核心」から、ただそこからのみ、「心的」の意味のすべてが派生している、と私は考えている。要するに、それが「心」の意味なのである。しかし、ウィトゲンシュタインのこの画期的な洞察にかんして、彼に賛同している人は、私の知る限り、なぜかほとんどいない。

KODANSHA

本書の原本は二〇一二年、ナカニシヤ出版より刊行されました。

永井　均（ながい　ひとし）

1951年生まれ。慶應大学大学院文学研究科博士課程単位取得。現在，日本大学教授。専攻は哲学。著書に『転校生とブラック・ジャック』『〈子ども〉のための哲学』『私・今・そして神』『改訂版　なぜ意識は実在しないのか』『存在と時間――哲学探究1』など多数。訳書にマクタガート『時間の非実在性』。

講談社学術文庫

定価はカバーに表示してあります。

『青色本』を掘り崩す
――ウィトゲンシュタインの誤診

永井　均

2018年2月9日　第1刷発行
2023年10月6日　第3刷発行

発行者　髙橋明男
発行所　株式会社講談社
東京都文京区音羽2-12-21 〒112-8001
電話　編集（03）5395-3512
販売（03）5395-5817
業務（03）5395-3615

装　幀　蟹江征治
印　刷　株式会社広済堂ネクスト
製　本　株式会社国宝社
本文データ制作　講談社デジタル製作

ISBN978-4-06-292449-8

「講談社学術文庫」の刊行に当たって

これは、学術をポケットに入れることをモットーとして生まれた文庫である。学術は少年の心を養い、成年の心を満たす。その学術がポケットにはいる形で、万人のものになることは、生涯教育をうたう現代の理想である。

こうした考え方は、学術を巨大な城のように見る世間の常識に反するかもしれない。また、一部の人たちからは、学術の権威をおとすものと非難されるかもしれない。しかし、それはいずれも学術の新しい在り方を解しないものといわざるをえない。

学術は、まず魔術への挑戦から始まった。やがて、いわゆる常識をつぎつぎに改めていった。学術の権威は、幾百年、幾千年にわたる、苦しい戦いの成果である。こうしてきずきあげられた城が、一見して近づきがたいものにうつるのは、そのためである。しかし、学術の権威を、その形の上だけで判断してはならない。その生成のあとをかえりみれば、その根は常に人々の生活の中にあった。学術が大きな力たりうるのはそのためであって、生活をはなれた学術は、どこにもない。

開かれた社会といわれる現代にとって、これはまったく自明である。生活と学術との間に、もし距離があるとすれば、何をおいてもこれを埋めねばならない。もしこの距離が形の上の迷信からきているとすれば、その迷信をうち破らねばならぬ。

学術文庫は、内外の迷信を打破し、学術のために新しい天地をひらく意図をもって生まれた。文庫という小さい形と、学術という壮大な城とが、完全に両立するためには、なおいくらかの時を必要とするであろう。しかし、学術をポケットにした社会が、人間の生活にとってより豊かな社会であることは、たしかである。そうした社会の実現のために、文庫の世界に新しいジャンルを加えることができれば幸いである。

一九七六年六月

野間省一

2196
ウィトゲンシュタインの講義 ケンブリッジ1932―1935年
アリス・アンブローズ編／野矢茂樹訳

規則はいかにしてゲームの中に入り込むのか。言語、意味、規則といった主要なテーマを行きつ戻りつ考察。「言語ゲーム」論が熟していく中期から後期に到る、ウィトゲンシュタインの生々しい哲学の現場を読む。

電P

2207
フロイトとユング
小此木啓吾・河合隼雄著

二十世紀、人間存在の深層を探究した精神分析学界の二人の巨人。日本を代表する両派の第一人者が、みずからの学問的体験と豊かな個性をまじえつつ、巨星たちの思想と学問の全貌を語りつくした記念碑的対談。

電P

2223
バルセロナ、秘数3
中沢新一著

秘数3と秘数4の対立が西欧である。3は、結婚とエロティシズムの数であり、運動を生み出し、世界を作る。4は3が作り出した世界に、正義と真理、均衡を与える。3と4の闘争に調和を取り戻す幸福の旅行記。

電P

2231
デカルト哲学
小泉義之著

デカルトは、彼以前なら「魂」と言われ、以後なら「主観」と言われるところを「私」と語ることによって画期的な哲学を切りひらいた。あらゆる世俗の思想を根こそぎにし、「賢者の倫理」に至ろうとした思索の全貌。

電P

2232
わたしの哲学入門
木田　元著

古代ギリシア以来の西洋哲学の根本問題「存在とは何か」。中世〜近代に通底する「作られてあり現前する」という伝統的存在概念は、ニーチェ、ハイデガーにより見直されることになる。西洋形而上学の流れを概観。

電P

2237・2238
荘子（上）（下）全訳注
池田知久訳注

「胡蝶の夢」「朝三暮四」「知魚楽」「万物斉同」「庖丁解牛」「無用の用」……。宇宙論、政治哲学、人生哲学まで、森羅万象を説く、深遠なる知恵の泉である。達意の訳文と丁寧な解説で読解・熟読玩味する決定版！

電P

2261
高田珠樹著
ハイデガー　存在の歴史
現代の思想を決定づけた『存在と時間』はどこへ向けて構想されたか。存在論の歴史を解体・破壊し、根源的な存在の経験を取り戻すべく、「在る」ことを探究したハイデガー。その思想の生成過程と精髄に迫る。

電P

2262
ヴィクトール・E・フランクル著／中村友太郎訳（解説・諸富祥彦）
生きがい喪失の悩み
どの時代にもそれなりの神経症があり、またそれなりの精神療法を必要としている――。世界的ベストセラー『夜の霧』で知られる精神科医が看破した現代人の病理。底知れない無意味感＝実存的真空の正体とは？

電P

2266
木田　元著
マッハとニーチェ　世紀転換期思想史
十九世紀の物理学者マッハと古典文献学者ニーチェ。接点のない二人は同時期同じような世界像を持っていた。ニーチェの「遠近法的展望」とマッハの「現象」の世界とほぼ重なる。二十世紀思想の源泉を探る快著。

電P

2267
鷲田清一著
〈弱さ〉のちから　ホスピタブルな光景
「そこに居てくれること」で救われるのは誰か？　看護、ダンスセラピー、グループホーム、小学校。ケアする側とされる側に起こる反転の意味を現場に追い、ケア関係の本質に迫る、臨床哲学の刺戟的なこころみ。

電P

2276
コーラ・ダイアモンド編／大谷　弘・古田徹也訳
ウィトゲンシュタインの講義　数学の基礎篇　ケンブリッジ1939年
後期ウィトゲンシュタインの記念碑的著作『哲学探究』に至るまでの思考が展開された伝説の講義の記録。数を数えるとは。矛盾律とは。数学基礎論についての議論が言語、規則、命題等の彼の哲学の核心と響き合う。

電P

2282
中島義道著
差別感情の哲学
差別とはいかなる人間的事態なのか。他者への否定的感情、その裏返しとしての自分への肯定的感情、そして「誠実性」の危うさの解明により見えてくる差別感情の本質。人間の「思考の怠惰」を哲学的に追究する。

電P

2293
宇野邦一著
反歴史論
歴史を超える作品を創造する人間は、歴史に翻弄される存在でもある。その捩れた事実を出発点に、ニーチェ、ペギー、ジュネ、レヴィ＝ストロースなど、数多の思想家とともに展開される繊細にして大胆な思考。

電P

2296
高橋哲哉著
デリダ　脱構築と正義
ロゴス中心主義によって排除・隠蔽された他者を根源的に「肯定」し、現前せぬ「正義」の到来を志向する「脱構築」の思想。散種、差延をはじめとする独創的な概念を子細に読み解き、現代思想の到達点を追究。

電P

2297
酒井直樹著
死産される日本語・日本人　「日本」の歴史—地政的配置
「日本語」や「日本人」は、近代に生まれたときには、古代に仮設した共同体と共にすでに死んでいた……。斬新かつ挑発的な問題提起で、刊行当初から幾多の議論を巻き起こした話題の書に新稿を加えた決定版。

電P

2309
野矢茂樹著（解説・野家啓一）
再発見　日本の哲学　大森荘蔵　哲学の見本
私に他人の痛みがわかるか？　自己と他者、物と心、時間などの根本問題を考え続けた「大森哲学」の全貌とは——。独自かつ強靱な思索の道筋を詳細に描き出す力作。哲学ってのはこうやるもんなんだ！

電P

2324
木村　敏著（解説・野家啓一）
からだ・こころ・生命
精神病理学と哲学を往還する独創的思索の地平に「生命論」が拓かれた。こころはどこにあるのか？　「からだ」と「こころ」はどう関係しあっているのか。「生きる」とは、そして「死」とは？　木村生命論の精髄。

電P

2325
小泉義之著
ドゥルーズの哲学　生命・自然・未来のために
「反復」とはどういうことか？　ドゥルーズをファッションとしての現代思想から解き放ち、新しい哲学への衝迫として描ききった、記念碑的名著にして必読の入門書！　『差異と反復』は、まずこれを読んでから。

電P

2326
ある神経病者の回想録
D・P・シュレーバー著／渡辺哲夫訳

フロイト、ラカン、カネッティ、ドゥルーズ&ガタリなど知の巨人たちに衝撃を与え、二〇世紀思想に不可逆の影響を与えた稀代の書物。壮絶な記録を明快な日本語で伝える、第一級の精神科医による渾身の全訳！

電P

2343
史的唯幻論で読む世界史
岸田　秀著

古代ギリシアは黒人文明であり、栄光のアーリア人は存在しなかった――。白人中心主義の歴史観が今なお世界を覆っている欺瞞と危うさを鮮やかに剔抉、その思想がいかにして成立・発展したかを大胆に描き出す。

電P

2362
カントの時間論
中島義道著

物体の運動を可能にする客観的時間が、自我のあり方を決める時間であることをいかに精確に記述することができるのか……。『純粋理性批判』全体に浸透している時間構成に関するカントの深い思索を読み解く。

電P

2363
交易する人間（ホモ・コムニカンス）
贈与と交換の人間学
今村仁司著

ヒトはなぜ他者と交易するのか？　人間存在の根源をなす「負い目」と「贈与」の心性による相互行為が解体して市場と資本主義が成立したとき、なにが起きたのか。人間学に新地平を切り拓いた今村理論の精髄。

電P

2364
現代思想の遭難者たち
いしいひさいち著

思想のエッセンスを直観的に汲み取り、笑いに変えてしまう「いしいワールド」のエネルギーに、哲学者たちも毀誉褒貶。これは現代思想の「脱構築」か？　それとも哲学に対する冒瀆か？　手塚治虫文化賞も受賞！

電

2368
ひとはなぜ戦争をするのか
A・アインシュタイン、S・フロイト／浅見昇吾訳（解説・養老孟司／斎藤　環）

アインシュタインがフロイトに問いかける。「ひとは戦争をなくせるのか？」。宇宙と心、二つの闇に理を見出した二人が、戦争と平和、そして人間の本性について真摯に語り合う。一九三二年、亡命前の往復書簡。

電P

哲学・思想・心理

2369
論理学　考える技術の初歩
E・B・ド・コンディヤック著／山口裕之訳

ロックやニュートンなどの経験論をフランスに輸入・発展させた十八世紀の哲学者が最晩年に記した、若者たちのための最良の教科書。これを読めば、難解な書物も的確に、すばやく読むことができる。本邦初訳。電P

2385
エスの系譜　沈黙の西洋思想史
互盛央著（解説・國分功一郎）

ニーチェやフロイトは沈黙する「エス＝それ」の淵源を見出したのか。「人」「言語」あるいは「普遍的なもの」とも呼ばれるものをめぐり、「私」を疑い「人間」を探って格闘した者たちを描く近代思想史の冒険。電P

2394
パスカル『パンセ』を楽しむ　名句案内40章
山上浩嗣著

四十日で『パンセ』を制覇！　この作品は一見近づきやすそうだが、実際に手にすると意外に読みにくい。そこで第一級のパスカル研究者が、その魅力を味わい尽くすために書き下ろした。最高の読書体験を約束！電P

2402
テレヴィジオン
ジャック・ラカン著／藤田博史・片山文保訳

精神分析中興の祖ラカンが一九七三年に出演したテレヴィ番組の貴重な記録。高弟J＝A・ミレールが問いかけ、一般視聴者に語られる師の答えは、比類なき明晰さをそなえている。唯一にして最良のラカン入門！電P

2406
愉しい学問
フリードリヒ・ニーチェ著／森　一郎訳

『ツァラトゥストラはこう言った』と並ぶニーチェの主著。随所で笑いを誘うアフォリズムの連なりから「永遠回帰」の思想が立ち上がり、「神は死んだ」という鮮烈な宣言がなされる。第一人者による待望の新訳。電P

2408
アルキビアデス　クレイトポン
プラトン著／三嶋輝夫訳

ソクラテス哲学の根幹に関わる二篇。野心家アルキビアデスにソクラテスは自己認識と徳の不可欠性を説く（アルキビアデス）。他方、クレイトポンは徳の内実と修得法を教えるようソクラテスに迫る（クレイトポン）。電P

2409

セーレン・キェルケゴール著／鈴木祐丞訳

死に至る病

「死に至る病とは絶望のことである」。この鮮烈な主張を打ち出した本書は、キェルケゴールの後期著作活動の集大成として燦然と輝く。最新の校訂版全集に基づいてデンマーク語原典から訳出した新時代の決定版。

電 P

2414

計見一雄著

統合失調症あるいは精神分裂病　精神医学の虚実

昏迷・妄想・幻聴・視覚変容などの症状は何に由来するのか？　「人格の崩壊」「知情意の分裂」などの謬見はしだいに正されつつある。脳研究の成果も参照し、病の本態と人間の奥底に蠢く「原基的なもの」を探る。

電 P

2416

池田知久著

『老子』　その思想を読み尽くす

老子の提唱する「無為」「無知」「無学」は、儒家思想のたんなるアンチテーゼでもニヒリズムでもない。最終目標の「道」とは何か？　哲学・倫理思想・政治思想・自然思想・養生思想の五つの観点から徹底解読。

電 P

2418

ジョン・E・マクタガート著／永井　均訳・注解と論評

時間の非実在性

はたして「現在」とは、「私」とは何か。A系列（過去・現在・未来）とB系列（より前とより後）というマクタガートが提起した問題を、永井均が縦横に掘り下げてゆく。時間の哲学の記念碑的古典、ついに邦訳。

電 P

2424

竹田青嗣著

ハイデガー入門

「『ある』とか何か」という前代未聞の問いを掲げた未完の大著『存在と時間』を豊富な具体例をまじえながら分かりやすく読解。「二十世紀最大の哲学者」の思想に接近するための最良の入門書がついに文庫化！

電

2425

中島義道著（解説・入不二基義）

哲学塾の風景　哲学書を読み解く

カントにニーチェ、キルケゴール、そしてサルトル。哲学書は我流で読んでも、実は何もわからない。必要なのは正確な読解。読みながら考え、考えつつ読む、手加減なき師匠の厳しくも愛に満ちた指導を完全再現。

電 P